AUSTRALIEN

AUSTRALIEN

Eine Reise durch Landschaft, Kultur und Alltag

Text: Klaus Viedebantt
Fotos: Wolfgang R. Weber

VISTA POINT VERLAG

Inhalt

Der ganz andere fünfte Kontinent

Enge und Weite: In Sydney stehen Alt und Neu dicht beieinander ...

... die Wüste Moon Plain bei Coober Pedy ist zeitlos unverändert.

Gewiß, hierzulande glaubt kaum noch jemand, daß in Australien die Känguruhs durch die Straßen von Sydney hopsen und die kreuzworträtselprominenten Emus die Vorgärten von Melbourne unsicher machen. »Lernt ihr in der Schule Bumerangwerfen?« wurde meine irritierte australische Ehefrau von Bekannten ernsthaft gefragt. Noch vor zehn, zwanzig Jahren kursierten in Europa durchaus solche Vorstellungen vom fünften Kontinent – zumindest außerhalb Großbritanniens. Die Briten waren immer etwas besser informiert über ihre einstige Kolonie auf der entgegengesetzten Seite des Globus. Heute wissen auch die Kontinentaleuropäer mehr über den fernsten aller Erdteile, da alljährlich Hunderttausende Deutsche, Österreicher und Schweizer, Franzosen und Italiener ihre Ferien *down under* verbringen. Fernsehfilme haben fast alle Regionen des Landes vorgestellt, Hörfunk und Zeitungen berichten zwar nicht kontinuierlich, aber doch recht häufig über die Heimat der »Aussies«.

Australien ist dennoch ein überaus exotisches Reiseziel geblieben, und das nicht nur, weil die Flüge lang und deshalb teuer sind. »Warum wollt Ihr eigentlich nach Australien?« habe ich die Freunde gefragt, die mich um

ustralien

Der fünfte Kontinent ist ein Land der Gegensätze. Einige Küstenabschnitte sind dicht besiedelt, andere, wie das Landesinnere, nahezu menschenleer.

Tips für ihre Reise baten. Es mangelte ihnen wahrlich nicht an Gründen: »Wir wollen den Ayers Rock in der Morgensonne betrachten und am Great Barrier schnorcheln.« – »Wir wollen Koalas in Eukalyptusbäumen beobachten.« – »Wir wollen die Kultur der Aborigines kennenlernen.« – »Wir wollen vor der Oper in Sydney australischen Wein trinken.« – »Wir wollen in der Wüste unter freiem Himmel schlafen, mit dem Kreuz des Südens am Firmament.« – So oder ähnlich lauteten fast alle Antworten. Nur einige sagten auch: »Wir wollen einmal schauen, ob Australien wirklich das Land ist, in das wir gerne auswandern würden.«

Reizvoll ist natürlich auch, daß Australien zwar ein weithin unbekanntes und sehr ungewöhnliches Land ist, daß es aber dennoch über eine funktionierende, westlich geprägte Infrastruktur verfügt. Es mangelt dort nicht an sicheren und komfortablen Unterkünften, an zuverlässigen Verkehrsverbindungen und an einer guten medizinischen Versorgung. »Australien ist Exotik pur – aber mit Wohlergehensgarantie«, las ich einmal in einem Reiseprospekt. Das ist, wie so oft bei Werbesprüchen, etwas übertrieben.

Wer einmal im Outback festsaß, mit einem Geländewagen, dessen Räder trotz Allradantrieb im feinen Sand immer wieder durchdrehten, hat schnell begriffen, daß derlei Garantien bestenfalls entlang den gängigen Touristenpfaden einlösbar sind. Dennoch: Australien ist insgesamt ein wohlorganisiertes Stück Exotik in der Südsee, es ist zwar ganz anders, aber zugleich doch sehr vertraut.

Ersteres gilt vor allem für Australiens Landschaft und Natur. Sie sind – ein Blick in Reisekataloge beweist es – die Hauptattraktionen des Landes, vor allem die trocken-heiße Weite des »Roten Zentrums«, der feucht-heiße grüne Urwald im Norden und die spektakulären Küsten ringsum. Sie machen diesen Kontinent faszinierend und wirklich einzigartig.

Die Welt – ein Puzzlespiel

Australien verdankt seine landschaftlich charakteristischen Merkmale der »größten Schau auf Erden«, der Entstehung der Kontinente. Vor rund 200 Millionen Jahren begann diese Entwicklung, als sich die gesamte Landmasse unseres Planeten etwa in Äquatorhöhe teilte. Es bildeten sich zwei riesige Urkontinente, den südlichen nannten Wissenschaftler unserer Tage Gondwanaland. Namengeber war eine indische Provinz – in der Tat, Indien gehörte ebenso zu diesem gewaltigen Erdteil wie Südamerika und Afrika (die beide wie Puzzleteile zusammenzupassen scheinen), die Antarktis und Australien.

Vor rund 160 Millionen Jahren brach Gondwana auseinander, und die Landmassen schoben sich im Kriechgang über den Globus, um ihre heutige Position einzunehmen. Australien und die Antarktis trennten sich als letzte, erst vor etwa 60 Millionen Jahren. Damals waren der fünfte und der

sechste Kontinent, heute die trockensten unter den Erdteilen, noch dicht bewaldet und mit einem gemäßigten Klima gesegnet; frühgeschichtliche Funde haben dies bewiesen. Die enge geologische Verwandtschaft der scheinbar völlig unterschiedlichen Kontinente Australien und Antarktis läßt sich auch an den Bergketten erkennen: Die Great Dividing Range an der australischen Ostküste setzt sich fort in den viel höheren, aber größtenteils mit Eis bedeckten Bergen der Antarktis.

Australien trieb nun, auf einer erheblich größeren Erdplatte gelegen, allmählich in Richtung Nordosten ab. Da es bald jegliche Verbindung zu anderen Landmassen verlor, begann eine ganz spezielle Entwicklung: In der völligen Isolation Australiens konnten sich Tier- und Pflanzenarten erhalten, die auf anderen Kontinenten fast völlig ausstarben. Das bekannteste Beispiel sind Känguruh & Co.: Die Beuteltier-Familie, die *marsupials*, besteht aus fast 250 verschiedenen Arten. Allein die Känguruhs bringen es auf 45 verschiedene Spezies, von den fast mannsgroßen roten und grauen Känguruhs über die kleineren Wallabies bis zu kleinen Tree Kangaroos, die, wie ihr Name sagt, auf den Bäumen leben. Die kleinsten Vertreter dieser auf langen Hinterbeinen hüpfenden Gattung sind nur 30 Zentimeter groß. James Cook, der erste Europäer an der australischen Ostküste, lieferte die erste Beschreibung des australischen Wappentiers: »... etwas kleiner als ein Windhund, mausfarben und sehr flink auf seinen Füßen«.

Auch das andere Wappentier des Landes, der Emu, konnte sich in der langen erdgeschichtlichen Isolierung fast ohne natürliche Feinde entwickeln. Heute trifft man die großen Laufvögel, abgesehen von Tasmanien, überall im Landesinneren an. Bis zu 100 Kilometer legen die Emus pro Tag auf der Nahrungssuche zurück, im Notfall erreichen sie eine Spitzengeschwindigkeit von mehr als 60 Stundenkilometern. Noch ungewöhnlicher sind zwei unmittelbare Zeugen der Urzeit, das Schnabeltier und der Schnabeligel.

Das grüne Australien: In den Royal Botanic Gardens in Sydney mangelt es zumindest im Winter nicht an Niederschlägen. Folglich gedeihen alle Pflanzen prächtig, vom kleinen Heilkraut bis zu mächtigen alten Bäumen. Die Gartenanlage hat ein eigenes Informationszentrum.

Das trockene Australien: Dunkle Regenwolken und Regenbogen sind Raritäten in Westaustraliens Gibson Desert – die riesige Wüstenei im Landesinneren gehört zu den niederschlagsärmsten Regionen, sie ist auch eines der unzugänglichsten Gebiete Australiens. Nur ein Track führt durch die Wüste, die Canning Stock Route. Sie wurde einst angelegt, um Rinder von den Kimberley-Weiden im tropischen Norden zu den Märkten bei Perth zu treiben. Jeweils eine Tagesstrecke entfernt gab es eine Quelle oder einen Brunnen. Seit das Vieh per Lastwagen transportiert werden kann, ist diese Route überflüssig geworden, und viele Brunnen sind verfallen. Die Canning Stock Route gilt als eines der größten Abenteuer für Geländewagen-Enthusiasten, die Strecke ist aber nur mit gut vorbereiteten Expeditionen zu bewältigen.

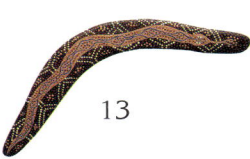

Säugetiere, die Eier legen?

Beide zählen zu den »Kloakentieren«, den einfachsten Formen der Säugetiere, die nur eine rückwärtige Körperöffnung für Exkremente und Geschlechtsorgane haben. Beide sind die einzigen Säugetiere, die Eier legen. Der Schnabeligel brütet seine Eier in einem Hautbeutel aus und säugt seine Jungen über zitzenlose Milchdrüsen. Die austretende Milch wird von den Jungtieren abgeleckt. Der Schnabeligel, in Australien *echidna* genannt, lebt hauptsächlich von Ameisen und Termiten, deren Baue er mit seinen kräftigen Klauen aufkratzt. Mit seiner im »Schnabel« verborgenen

Schon die ersten europäischen Entdecker, die Australien erreichten, waren beeindruckt von der Vielfalt und Farbenpracht der Papageienvögel. Wissenschaftler haben rund 60 verschiedene Arten ermittelt. Die meisten gehören zur Untergruppe der Kakadus, die bunteste Unterart sind die Lorikeets in ihrem leuchtenden Blau, Gelb, Rot und Grün. Die bekanntesten Papageienvögel Australiens sind zweifellos die Budgerigars, die im trockenen Inland in Schwärmen anzutreffen sind. In Deutschland sind sie bekannter unter dem Namen Wellensittich.

langen und klebrigen Zunge dringt er in den Bau ein und holt seine Beute heraus. Seine dem Stachelschwein ähnlichen Stacheln nutzt er wie ein Igel zum Schutz, er rollt sich zusammen. Der *echidna* besitzt aber auch eine an Zauberei grenzende Fähigkeit. Binnen Sekunden kann er sich fast senkrecht ins Erdreich einbuddeln.

Mit seinem einzigen Verwandten, dem Schnabeltier, hat der Schnabeligel äußerlich so gut wie nichts gemeinsam. Das in Australien *platypus* genannte Schnabeltier ist in jeder Hinsicht ungewöhnlich. Es hat einen Körper wie ein schlanker Biber mit Pfoten wie ein Maulwurf und einen breiten Entenschnabel. Seine Heimat sind saubere Gewässer an der Ostküste zwischen Cooktown und Tasmanien, wo es Höhlen in die Uferböschungen gräbt. Dort legt er seine zwei bis drei Eier ab, und wenn die Jungen geschlüpft sind, werden sie wie die des Schnabeligels gesäugt. Unter dem Fell des *platypus* verbirgt sich eine weitere Besonderheit, ein Giftsporn an den Hinterpfoten, mit dem er sich seiner Feinde erwehrt. Manch allzu neu-

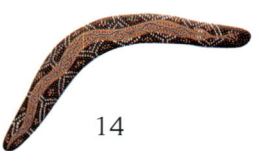

gieriger Mensch mußte sich schon mit schmerzhaften Schwellungen zurückziehen.

Gemessen an dem reichen und urtümlichen Tierleben ist die Flora Australiens etwas bescheidener, aber auch hier finden sich Pflanzen, die kaum verändert seit der Entstehung Australiens vor allem im Outback wachsen: Grasbäume und Flaschenbäume. Letztere, die Boabs, sind mächtige graue Gewächse mit manchmal flaschenförmigen, oft tonnenartigen Stämmen, in denen sie Wasser für Trockenzeiten speichern. Ähnliche Bäume wachsen auch in Afrika. Von ganz anderer Art sind die Grasbäume, die so aussehen, als habe auf einem von Buschfeuern geschwärzten

Große Klappe und großer Beutel – Pelikane sind an allen Küsten Australiens heimisch, Känguruhs findet man überall im Land. Die Hüpfer sind mit 45 verschiedenen Arten präsent, vom kleinen Känguruh, das auf Bäumen lebt, bis zu den großen Red Kangaroos, die mehr als zwei Meter groß werden.

Palmenstrunk ein Tropengrasbüschel sein Auskommen gefunden. Die Bäume sind meist sehr alt. Da sie im Jahr bestenfalls drei Millimeter wachsen, kann man ihr Alter leicht nachmessen. Grasbäume werden bis zu sechs Meter hoch und sind dann rund 2 000 Jahre alt – Zeugen der Urzeit.

Es war schon ein recht wüstes Land, auf das die ersten Weißen stießen. Anscheinend hatte die Erde hier ihre Entwicklungsarbeit gerade erst aufgenommen. Selbst der für alles Neue offene Naturwissenschaftler Charles Darwin schrieb nach einem Besuch Australiens: »Ich verlasse deine Gestade ohne Trauer und Bedauern.« Etwa zur gleichen Zeit berichtete der Geistliche John Morrison: »Die Vergleichbarkeit des äußeren Umrisses von Australien mit der Form eines Kuhfladens ... ist kein schlechtes Bild.« Daß dieses heiße und unwirtliche Land voller Reichtümer wie Gold, Diamanten und andere Bodenschätze steckte, wurde erst später entdeckt; daß Australiens Naturschönheiten Menschen aus allen Winkeln der Welt anlocken, ist eine Entwicklung der jüngsten Zeit.

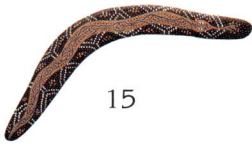

Knapp 7,7 Millionen Quadratkilometer groß ist der Kontinent, etwa ebenso groß wie die USA ohne Alaska, Deutschland würde fast 22 mal auf die australische Landfläche passen. Mit einer durchschnittlichen Höhe von 300 Metern ist Australien der flachste aller Kontinente, der höchste Gipfel des Landes, der Mount Kosciuszko in New South Wales, ist mit 2 228 Metern auch nicht sonderlich beeindruckend. Die Küstenlinie des Kontinents ist gut 47 000 Kilometer lang – das ist länger als der Erdumfang. Dabei wurden allerdings jede Bucht und jede Insel vermessen. Wer Australien mit einem Boot umrunden will, wird nach etwa 18 500 Kilometern wieder am Startpunkt seiner Reise eintreffen.

Zwischen heißem und kaltem Regenwald

Das so umzirkelte Land steckt voller Extreme. Australiens nördlichste Spitze, Cape York in Queensland, ist nur 1 200 Kilometer vom Äquator entfernt. Zwischen dem südlichsten Flecken, dem South East Cape auf Tasmanien, und der Antarktis liegen etwa 2 600 Kilometer offene See. Der Norden hat folglich tropisches Klima mit einer ausgeprägten Regenzeit (Ende November bis Ende März), auch schwere Wirbelstürme sind in dieser Zeit durchaus nicht ungewöhnlich. Da es also nicht an Wasser mangelt, wuchert im Norden ein tropischer Regenwald. Ganz anders sieht es im Süden aus. Dort toben die starken Winde der *Roaring Forties*, des Sturmsystems am 40. Grad südlicher Breite. Das Klima ist kühl und regenreich,

In den regenreichen Regionen von Victoria und Tasmanien finden die Farne ideale Lebensbedingungen und erreichen stattliche Größen.

frostig allerdings nur, wenn die Kaltluftfronten direkt vom Südpol heran-
ziehen. Dieses Wetter begünstigt die dichten Regenwälder, die auf Tasmanien wachsen – Gebiete, die teilweise wohl noch nie von einem Menschen
betreten wurden.

Das Atherton Tableland in Queensland ist berühmt für seine Wasserfälle, die Millaa Millaa Falls gehören zu den schönsten in dem Hochland.

Australiens östlichster Festlandspunkt, Cape Byron in New South Wales,
hat das angenehmste Klima aller »Eckpunkte« des Kontinents, folglich ist
es auch ein beliebter Ferienort. Sehr viel typischer ist hingegen die west-
lichste Landspitze, Steep Point in Western Australia. Sie liegt am Rand einer ausgedehnten Wüste, in der kaum Menschen leben – eine Beschreibung, die für einen großen Teil Australiens passen könnte. Mehr als 1,5
Millionen Quadratkilometer sind Wüste, das entspricht rund 20 Prozent der
gesamten Landfläche. Weitere 45 Prozent des Landes sind Trockengebiete mit weniger als 300 Millimeter Regen im Jahr. Das ist natürlich ein sta-
tistischer Durchschnittswert, der sich aus höchst unausgeglichenen Wet-
terverhältnissen ergibt. Auf ordentliche Wolkenbrüche können Jahre
folgen, in denen kein Tropfen Regen fällt. Zum Vergleich der Rekord-Re-
genfall: 1979 wurden in Bellenden Ker im Bundesstaat Queensland
11 251 Millimeter Niederschläge gemessen. Das entspricht rund zwei Millionen Liter Wasser, die auf jedes Hausdach niedergeprasselt sind. Viele
andere Gebiete wären froh, wenn sie nur ein paar Tropfen davon abbe-
kommen hätten …

Für Schmetterlingsfreunde ist Australien ein ideales Forschungsgebiet, denn die Fal-ter flattern in allen Farbschattierungen durch das Land.

   Die größte Wüste Australiens ist mit 414 000 Quadratkilometern die
Great Sandy Desert in Western Australia, die mehr als sechsmal so groß
ist wie Tasmanien. Nicht allzu weit von dieser Wüste entfernt wurde auch
die Rekordhitze Australiens gemessen. In Marble Bar im Bundesstaat Western Australia sanken die Temperaturen vom Oktober 1923 bis zum April
1924 für 161 Tage nicht unter 37,8 Grad Celsius oder 100 Grad Fahrenheit – damals wurde in Australien noch in Fahrenheit gemessen. 1889 wurden in Cloncurry in Queensland an einem Januartag sogar umgerechnet
53,1 Grad Celsius verzeichnet. Im Gegensatz dazu die niedrigste je in Austra-

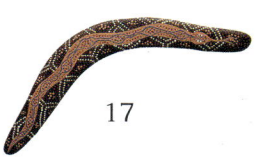

Die Windräder aus Blech sind ein typisches Bild für das ländliche Australien. Meist treiben die Anlagen Pumpen an, die das Grundwasser an die Oberfläche befördern.

lien gemessene Temperatur: minus 22,2 Grad Celsius auf Charlotte Pass in den Bergen von New South Wales. Exakt dieser Rekord wurde sogar zweimal gemessen, 1945 und 1947.

Kennzeichnender als Schnee und Kälte ist für Australien allerdings die Sonne, die über dem dünn besiedelten Land und seiner relativ sauberen Atmosphäre besonders heftig vom Himmel brennt. Für die meisten Aussies waren die Strahlen stets ein Himmelsgeschenk, dessen sie sich mit stundenlangen Sonnenbädern ausgiebig bedienten. Erst als sich in den letzten Jahrzehnten die Fälle von Hautkrebs besonders stark vermehrten, lernten die Einheimischen die Segnungen des Schattens schätzen. Grund ist das Ozonloch über dem Südpol, das sich seit einigen Jahren stetig vergrößert und inzwischen auch den Süden Australiens überzieht. Durch Abgase hat sich die natürliche Ozonschicht so stark verdünnt, daß sie nicht mehr wie bisher die gefährlichen und schädlichen ultravioletten Strahlen herausfiltern kann.

Inzwischen nehmen die Australier diese Gefahr aus dem All sehr viel ernster, sie haben sogar Kleidungsstücke entwickelt, die UV-Strahlen automatisch absorbieren. Eine Gefahr für Touristen stellen diese aggressiven ultravioletten Strahlen kaum dar, denn laut Medizinern sind sie wenig gefährlich, wenn man sich ihnen nur kurzfristig aussetzt. Allerdings werden ohnehin Sonnenhüte und Sonnencreme mit hohem Lichtschutzfaktor für *sunny Australia* empfohlen.

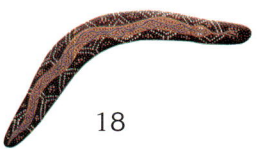

Landesspitzen

Offiziell ist der Mount Kosciuszko mit seinen 2 228 Metern der höchste Berg Australiens. Aber wenn man es ganz genau nimmt, gebührt der Spitzenrang dem 2 745 Meter hohen Mawson Peak. Er ist einer der Gipfel des Big Ben, eines aktiven Vulkans auf der entlegenen Heard Island im Indischen Ozean, etwa 4 100 Kilometer südwestlich von Perth. Die unbewohnte subantarktische Insel wurde gemeinsam mit den benachbarten McDonald Islands für die Liste des Weltnaturerbes der UNESCO angemeldet. Noch höher hinauf geht es auf dem Plateau in jenem Sektor, den Australien in der Antarktis beansprucht: Hier, gut 800 Kilometer vom Südpol entfernt, wurde eine Höhe von 4 270 Metern errechnet – aus der Luft, denn diese Region wurde noch nie von Menschen betreten.

Das Rainbow Valley südlich von Alice Springs verdankt seinen Namen den verschiedenfarbigen Gesteinsstreifen in dem kleinen Gebirge. Das Tal ist nur mit Geländewagen zu erreichen.

Wenn Regen fällt, erblühen selbst Australiens Trockengebiete und präsentieren sich mit einem unerwarteten Reichtum an Blüten aller Art. Die Samen vieler Blumen können jahrelange Trockenperioden im meist sandigen Erdreich schadlos überstehen ...

... Wenn dann aber einmal ein kräftiger Regen über das ausgetrocknete Land niedergeht, kann man geradezu zuschauen, wie erst zarte Triebe und bald darauf Blätter und Blüten wachsen.

Niemand weiß, wie viele Pflanzenarten in Australien wachsen. Der letzte Versuch, dies zu ermitteln stammt aus den Jahren 1863–1878, als George Bentham in seiner sechsbändigen »Flora Australiensis« auf 8 125 Arten kam. Jetzt schätzen Wissenschaftler die Zahl auf mehr als doppelt so hoch – und machen immer wieder neue Entdeckungen.

Der Ayers Rock, der von den Urein-
wohnern Uluru genannt wird, ist
zweifellos einer der bekanntesten Berge der Welt. Deshalb wollen ihn auch
viele Australien-Touristen besteigen.
Die Aborigines, die den Uluru Nationalpark mitverwalten, sehen es zwar
nicht gerne, daß auf ihrem heiligen
Berg herumgeklettert wird, untersagt
ist es aber nicht. Viele Besucher sind
erstaunt, daß der aus der Ferne so
glatt wirkende Ayers Rock aus der
Nähe an eine faltige Elefantenhaut
voller Narben erinnert. Der Felsen liegt
inmitten einer großen sandigen Ebene,
in der nur wenige zähe Pflanzen überleben können.

Chronik der Geschichte Australiens

Die Urzeit und ihre Menschen

Wenn die Aborigines eine Corroboree, ein Treffen, einberufen, legen sie die traditionelle Körperbemalung aus Erdfarben an und tragen spezielle Kleidungsstücke.

»Die Bewohner dieses Landes sind die erbärmlichsten Menschen auf Erden«, schrieb der britische Seefahrer William Dampier 1697 über Australiens Ureinwohner, die Aborigines. Der weitaus klügere und genauer beobachtende James Cook notierte 1770 in seinem Logbuch: »... sie mögen manchem als die elendsten Menschen der Welt erscheinen, aber in Wirklichkeit sind sie weitaus glücklicher als wir Europäer.« Aber vielen Europäern waren die tief dunkelhäutigen und kaum bekleideten Aborigines eher unheimlich, mit ihren gedrungenen Körpern und wulstigen Gesich-

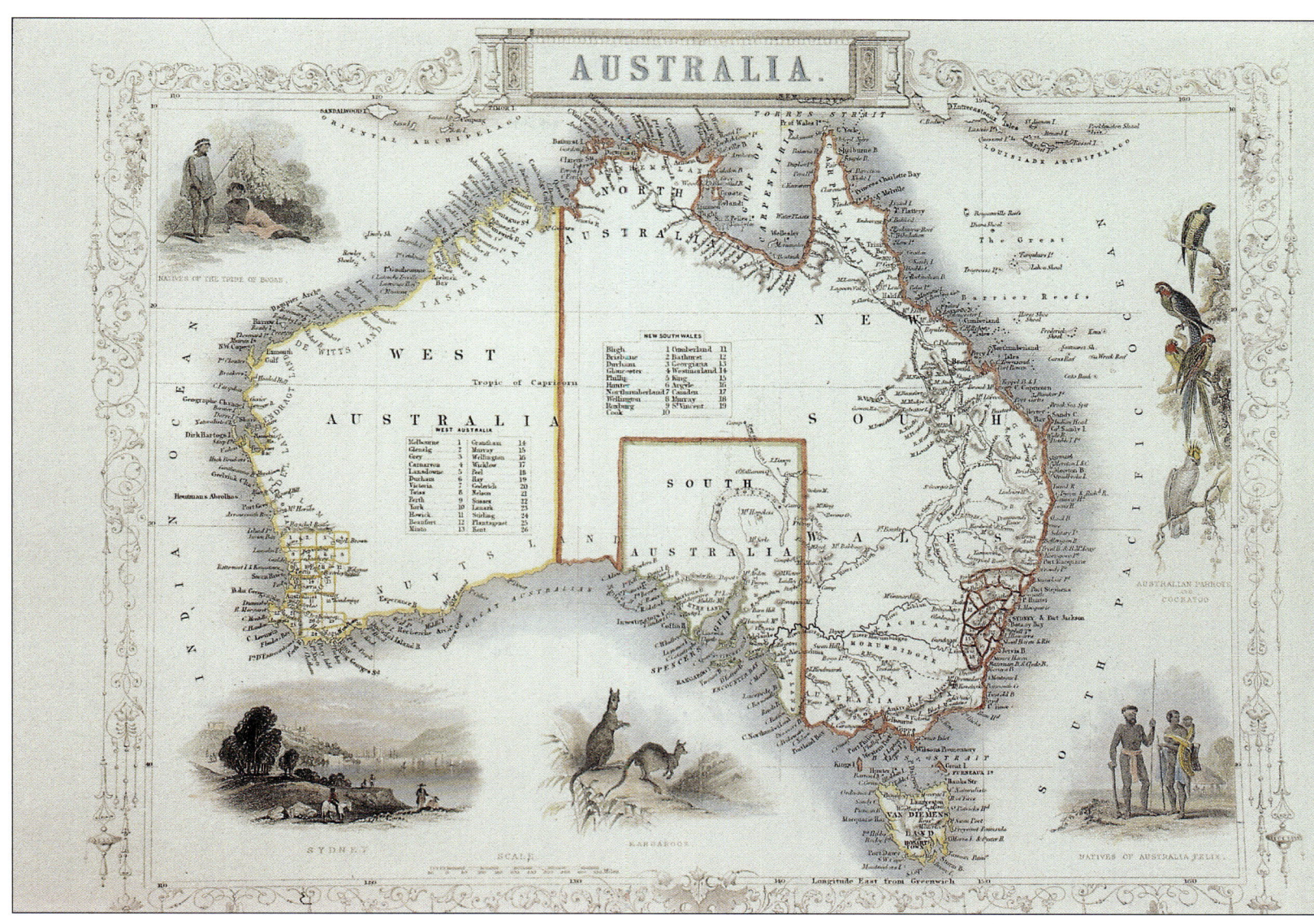

tern galten sie den ersten Weißen in Australien eher als Tiere denn als Menschen, »zum Totschlagen häßlich«. So weit kam es dann auch oft, auf Tasmanien wurden die Aborigines sogar bei eigens organisierten Treibjagden gehetzt und ermordet; die wenigen Überlebenden solcher Massaker wurden auf eine kleine Insel verbannt, wo fast alle starben.

Erst in jüngster Zeit hat sich das Bild von den Aborigines gewandelt. Sie, die immerhin die älteste noch lebende Kultur geschaffen haben, werden zunehmend mit Respekt betrachtet, ihre perfekte Anpassung an die lebensfeindliche Umwelt wird bewundert, ihre Verknüpfung von Vergangenheit, Gegenwart und Zukunft von Esoterikern aus aller Welt erforscht. Tausend Jahre sind für sie wie ein Tag, zehntausend Jahre wie eine Stunde – Aborigines kennen keine Zeit, zumindest nicht die der Weißen, die von Terminen bestimmt und von Alltagsabläufen geregelt ist. Die Ureinwohner verstehen sich als ein integraler Bestandteil der Natur, die ihren Lebensrhythmus bestimmt. Sie lebten immer in Stammesgruppen und als Nomaden, zu Zeiten Cooks werden es etwa 500 Stämme mit fast ebenso vielen verschiedenen Sprachen gewesen sein. Insgesamt dürften damals rund 300 000 Aborigines in Australien beheimatet gewesen sein, heute sind es wieder rund 180 000, Tendenz steigend.

Vor mindestens 50 000 Jahren wanderten die Aborigines von Asien her in Australien ein, neuere Forschungen lassen vermuten, daß sie womöglich schon vor rund 70 000 Jahren kamen. Damals bestanden noch Land-

Australiens Küstenlinie war relativ schnell kartographiert, denn man hegte die Hoffnung, einen großen reichen Südkontinent gefunden zu haben. Zur Überprüfung dieser Vermutung benötigten die Seeleute genaue Angaben. Da die Entdecker an den Küsten aber keine Reichtümer fanden, war das Interesse gering, das unwirtliche Landesinnere zu erforschen. Auf alten Karten sieht man deshalb viele weiße Flecken.

Bill Harney, ein bekannter Aborigine-Guide, im Stammesgebiet der Wardaman-Aborigines vor Felszeichnungen der »Lightning Men«, der Blitzmänner, etwa 100 Kilometer südöstlich von Katherine.

Rituale: Ein Aborigine-Führer in traditioneller Tracht ...

... und der Tambourmajor einer australischen Kapelle.

*Aborigines-Künstler haben eine ausdrucks-
volle Formensprache entwickelt, das
zeigen insbesondere die im Norden
Australiens heimischen Holzplastiken.*

brücken zwischen dem asiatischen Kontinent, den indonesischen Inseln, der Insel Neuguinea und Australien, zumindest waren nur kurze Meerespassagen zwischen diesen Inseln zu überwinden. Das schafften sie auch in den einfachen Einbaumkanus, mit denen sie vermutlich stattliche nautische Kenntnisse entwickelten. Sie besiedelten nämlich einen Großteil Australiens vom Meer her, indem sie mit ihren Kanus den Küstenlinien folgten. Heute sind diese Kenntnisse fast völlig verlorengegangen, und viele Aborigines meiden die offene See.

Aber auch über Land eroberten die Ureinwohner den menschenleeren Kontinent. Er war damals noch bewaldet und klimatisch wohltemperiert. Aus den Wanderungen quer durch das weite Land entstanden womöglich später die mythischen *songlines*, die in der mündlichen Überlieferung von Generation zu Generation weitergegeben wurden und die Verbindung zwischen den Stämmen und ihren Traditionen aufrechterhielten. Gemeinsam war und ist den Aborigines der Bezug auf die *dreamtime*. In dieser »Traumzeit« vereint sich die Vergangenheit mit der Gegenwart. Die Vermittlung geschieht durch die Ahnen, denen heilige Orte geweiht sind, wo sie Kontakt mit den Lebenden halten.

Viele dieser heiligen Orte stehen zudem in spiritueller Verbindung mit wundermächtigen Gottheiten, die von Stamm zu Stamm sehr verschieden waren, etwa die Regenbogenschlange im Landesinneren oder das Krokodil im Norden. Es gab aber nicht nur diese mythischen Pfade durch das Land; schon vor Eintreffen der ersten Weißen existierten Handelswege, auf denen beispielsweise farbige Erde für die Herstellung von Körperfarben für rituelle Feste transportiert wurde. Eine solche Ocker-Grube kann an der Stelle zwischen Alice Springs und Glen Helen besichtigt werden. Dort sind auf einer Schautafel auch die Handelspfade erklärt.

Wie die Tier- und Pflanzenwelt entwickelten sich die Menschen in der australischen Isolation, als vor etwa 12 000 Jahren mit dem Ende der Eiszeit der Meeresspiegel wieder anstieg und die Landbrücken im Norden untergingen. Trotz der Aufheizung des Kontinents und des Absterbens vieler Tier- und Pflanzenarten gelang den Aborigines eine Anpassung an die veränderten Lebensbedingungen. Sie wurden zu »Meistern des Überlebens«, indem sie ein untrügliches Gespür für Wasser in der Wüste entwickelten und das karge Angebot an Nahrungsmitteln zu nutzen lernten. Diese Kenntnisse sind bei älteren Aborigines noch heute vorhanden, deshalb ist es ein besonderes Erlebnis, mit ihnen in den Busch zu ziehen. Bisweilen wird dies auch für Touristen angeboten.

Rosie, eine freundliche Großmutter aus der Nähe von Katherine, zeigte mir bei einer solchen Fahrt in die Steppe Stellen, wo ich Buschtomaten, Buschkirschen oder Buschbananen fand, Gewächse, die mit ihren bekannten Namensvettern nichts gemein haben, aber sättigend und teilweise sogar schmackhaft waren. Die Wichety Grubs, die sie aus den Wurzeln der Wichety-Büsche herausklopfte, sind gewiß nicht jedermanns Sache. Glücklicherweise kannte ich die fetten weißen Maden bereits und wußte, daß sie gut gegrillt durchaus eßbar sind und wie gegartes, festes Eiweiß mit Nuß schmecken. Man muß die Würmchen ja nicht wie die Einheimischen roh verspeisen.

Neu war mir hingegen die *bush soap* von einem Gebüsch, dessen Blätter eine Feuchtigkeit absondern, die als Seifenersatz dienen kann. Total verblüffte mich Rosie schließlich, als sie mich mitten in der trockenen Steppe zu einem Flecken voll satten Grüns führte. »Hier ist Wasser«, sagte sie. Woher sie das denn wisse, fragte ich sie voller Bewunderung. Ihre Antwort: »Hier verläuft die Wasserleitung nach Katherine.«

Australien wird Kolonie

Mit Ankunft der Weißen änderte sich auch für die Aborigines ihr Leben mehr als in all den Jahrtausenden zuvor. Die Landungen blieben zunächst noch folgenlos, weil die Niederländer an der australischen Westküste und im Norden nichts Lohnenswertes entdecken konnten: 1606 ging Willem Jansz als vermutlich erster Europäer an der Nordküste Queenslands an Land, 1616 hinterließ sein Landsmann Dirk Hartog in »Neu Holland« an der West-küste einen Zinnteller. Abel Janszoon Tasman stieß 1642 auf Van Diemen's Land, das heutige Tasmanien. Erster Brite auf australischem Boden war 1688 der schon zitierte William Dampier. Alle warnten eher vor dem Land, das offenbar kein Gold und keine wertvollen Gewürze liefern konnte.

Durch James Cook änderte sich 1770 alles. Er nahm die Ostküste für Großbritannien in Besitz und empfahl sie für eine Besiedlung. Die Regie-rung, die bald darauf ihre nordamerikanische Kolonie größtenteils verlie-ren sollte, suchte einen Ersatzort für ihre Häftlinge. Australien war die Lö-sung des Problems. 1788 ließ Captain Arthur Phillip seine »First Fleet« mit mehr als tausend Gefangenen und Bewachern in der Bucht von Sydney ankern. Er nannte die neue Kolonie New South Wales. 1797 landeten die ersten Merino-Schafe in Australien und begründeten eine bis heute erfolg-reiche Woll- und Lammfleisch-Industrie. 1801 segelte Matthew Flinders erstmals rund um Australien, und damit war gewiß, daß es sich um einen Inselkontinent handelte.

Manchmal wiederholt sich die Geschichte: William Bligh, der als Kapitän der »Bounty« schon eine Meuterei erlebt hatte, wurde 1806 als Gouverneur von New South Wales von seinen meuternden Truppen festgesetzt. Erst Entsatz aus dem Mutterland konnte ihn befreien. Das nächste wichtige Da-tum war 1813, als drei Häftlinge einen Weg durch die Blue Mountains west-lich von Sydney entdeckten. Dadurch fand die stets vom Hunger bedroh-te Kolonie erstmals die dringend benötigten Anbau- und Weideflächen. 1825 entstand bereits die zweite australische Kolonie, Tasmanien; 1829 und 1834 folgten Western Australia und South Australia. Victoria wird 1851 als eigenständige Kolonie aus New South Wales herausgelöst, 1859 geschieht dasselbe mit Queensland.

Ob es wirklich so förmlich zuging, als James Cook erstmals die britische Flagge in Australien hißte (unten), mag dahinge-stellt sein. Fraglos hat aber diese Stunde Australien mehr verändert als die Jahrtau-sende zuvor. Weiße Siedler übernahmen fortan das Land der Aborigines, europäi-sche Entdecker drangen immer tiefer in den Kontinent vor, und Matthew Flinders (oben) umsegelte ihn als erster.

Unter den Schätzen, die so reichlich in Australiens Boden lagern, gehören die Goldnuggets ...

... und die farbfunkelnden Opale zu den begehrtesten. Wirtschaftlich wichtiger sind allerdings die großen Eisen-, Kohlen- und Bauxitlager und die zahlreichen Spezialerze und Mineralien. Die asiatischen Staaten sind die Hauptabnehmer dieser Bodenschätze.

Mit den ersten größeren Goldfunden an der Ostküste beginnt Australiens Karriere als »Schatztruhe der Welt«, ein Aufstand der Goldgräber gegen die Behörden in Ballarat leitet 1854 die demokratische Bewegung in Australien ein. Von der allgemeinen Abneigung gegen die – oft korrupte – Polizei profitieren auch die *bushrangers* – Räuber, die Geldtransporte und Banken überfallen. Einige wurden recht populär, insbesondere Ned Kelly, der spätestens mit seiner Festnahme zum Volkshelden avancierte. Er ist noch heute eine Kultfigur in Australien. Nach seiner Hinrichtung 1880 setzten sich allmählich Recht und Ordnung durch. 1901 schlossen sich die sechs Kolonien zum unabhängigen Commonwealth of Australia zusammen, als Ort der zukünftigen Bundeshauptstadt wurde ein unbebautes Tal namens Canberra vorgesehen. Den internationalen Architektur-Wettbewerb für den Bau der Kapitale gewann der junge Amerikaner Walter Burley Griffin. Sein Entwurf wurde erst 1988, zur 200-Jahr-Feier Australiens mit der Eröffnung des Parlamentsgebäudes auf dem Capital Hill, vollendet.

Abnabelung vom Mutterland

1914 zog Australien wie selbstverständlich an der Seite Großbritanniens, des »Mutterlandes«, in den Ersten Weltkrieg. Die hohen Verluste führten erstmals zu Zweifeln an der engen Bindung zu London – ein Beginn der allmählichen Abnabelung vom Mutterland. Im Zweiten Weltkrieg wurde dies noch deutlicher, als britische Truppen Australien nicht mehr vor den drohenden Angriffen der Japaner schützen konnten. 1942 wurde Darwin von japanischen Bombern angegriffen, 243 Menschen kamen dabei um. Bis 1943 war die Stadt Ziel von 64 Attacken. Erst den Amerikanern gelang es, die Japaner im Pazifik zurückzudrängen und schließlich zu besiegen.

Australien wandte sich in den Folgejahren politisch immer stärker den Amerikanern zu. Auch der *American way of life* verdrängte zunehmend die zuvor allgegenwärtige *Britishness*. Beschleunigt wurde diese Entwicklung durch die vielen Einwanderer nach dem Krieg, die erstmals nicht mehrheitlich von den Britischen Inseln kamen. Vor allem Süd- und Osteuropäer fühlten sich der britischen Krone nicht länger verpflichtet. Auch die britischen Atomwaffentests in der australischen Wüste trugen nicht zur Beliebtheit der Freunde in London bei. Deutliche Zeichen der neuen Entwicklung waren 1956 in Melbourne die ersten Olympischen Spiele Australiens, die auch internationale Aufmerksamkeit auf das etwas abseits gelegene Land lenkten, und der

Bau des Opernhauses in Sydney (1959–1973) durch den dänischen Architekten Jörn Utzon. Mit dem epochalen Bau begann in dem ehemaligen Pionierland auch eine Besinnung auf die eigenen kulturellen Ressourcen.

Viele Aborigines tun sich auch 200 Jahre nach der »Entdeckung« ihres Landes schwer mit der Kultur der weißen Australier. Nicht wenige sind zu Fremden im eigenen Land geworden.

Die pazifische Nation

Mit der in Australien sehr umstrittenen Entsendung von Truppen 1965 in den Vietnamkrieg bekam auch die neue Freundschaft mit den Amerikanern ihre ersten Risse. Australien besann sich auf seine geographische Lage: Es ist umgeben von asiatischen und ozeanischen Nationen. Diese Tatsache hatte Australien zuvor jahrzehntelang ignoriert, inoffiziell galt die *White Australia Policy*, der zufolge Einwanderer nur aus Europa und Amerika Visa erhalten sollten. Als Großbritannien 1972 der Europäischen Gemeinschaft beitrat und Australien den wichtigsten Markt für seine landwirtschaftlichen Produkte verlor, mußte es sich schleunigst nach neuen Absatzgebieten umsehen. Diese liegen quasi vor der Haustür: Die bevölkerungsreichen Staaten Asiens kaufen ebenso gerne Lebensmittel wie Rohstoffe in Australien ein. Sie verlangten aber Gegenleistungen. Australien mußte seinen zuvor gegen Asien abgeschotteten Markt für asiatische Waren öffnen und auch mehr Einwanderer aus Asien ins Land lassen. Insbesondere für die verfolgten vietnamesischen *boat people* stellte Australien viele Pässe aus.

Anläßlich der 200-Jahr-Feiern kam es 1988 zwar zu Protesten der Aborigines, die für erlittenes Unrecht Entschuldigungen und Entschädigungen forderten. Aber die asiatischen Nachbarn, zuvor stets heftige Kritiker der australischen Regierungen, reihten sich nun ein in die Schar der Gratulanten. Und ohne ihre Stimmen hätte Sydney wohl kaum den Zuschlag für die Ausrichtung der Olympischen Sommerspiele 2000 vor Peking erhalten.

Im Vorfeld des hundertjährigen Jubiläums der australischen Unabhängigkeit 2001 mehrten sich die Stimmen, die eine Republik forderten, aber bis heute ist die Queen das formelle Staatsoberhaupt der Australier. Anfang 2002, anderthalb Jahre nach den Olympischen Spielen, blickte die Welt erneut auf Sydney: Die verheerendsten Waldbrände seit Jahrzehnten drangen in New South Wales bis an die Ränder der Millionenstadt.

Kunst mit Röntgenblick

Vor rund 5 000 Jahren, als in Ägypten die Pyramiden entstanden, blickten die australischen Aborigines auf Felsenzeichnungen, die schon damals Tausende von Jahren alt waren. Die ältesten Felsritzungen dieser Kultur wurden mit speziellen Strahlenmeßtechniken auf ein Alter von rund 30 000 Jahren datiert. Kurioserweise haben die Aborigines-Künstler in Nordaustralien, vor allem in Arnhemland, schon vor Jahrtausenden einen »Röntgenstil« entwickelt – fast möchte man meinen, daß sie sich bereits damals die Wirkung radioaktiver Strahlen dienstbar machten. Die Bilder

Striche, Punkte, Kreise und andere geometrische Formen charakterisieren die Kunst der Aborigines. Die Ureinwohner entwickelten im Norden schon vor Jahrtausenden eine eigene und aufwendige Kunstform: Wie im Röntgenblick bieten sich ihre Lebewesen mit Knochen oder inneren Organen dar: Felsmalerei am Nourlangie Rock im Kakadu National Park (oben) und einer der »Lightning Men« bei Katherine (rechts).

zeigen insbesondere Tiere nicht nur in ihren äußeren Umrissen, sondern auch mit einigen inneren Organen oder mit einer Wirbelsäule.

Einige der Felsmalerei-Galerien im Norden sind bereits 18 000 Jahre alt, Felsüberhänge und Naturfarben, die im Stein chemische Prozesse auslösten, haben sie vor Verwitterung geschützt. Forscher halten es für möglich, daß die Aborigines dieser Region bereits vor 40 000 Jahren solche Malereien angelegt haben. Besonders schöne und leicht erreichbare Felsgalerien sind im Kakadu-Nationalpark bei Darwin zu besichtigen.

Die Aborigines im tropischen Norden bieten eine weitere Besonderheit: Hier malten die Künstler nicht nur auf Steinen, sondern auch auf Baumrin-

den, die glatt gespannt und getrocknet wurden. Diese Technik wird auch heute noch angewandt, die Bilder sind dementsprechend teuer. Die meisten heutigen Aborigines malen jedoch auf Karton oder Leinwand, Kunstzentren helfen ihnen dabei mit Materialien und mit der Vermarktung ihrer Werke.

Im trockenen Landesinneren entwickelten die Aborigines mangels Bäumen keine Rindenkunst, ihre Malerei geht meist auf Muster zurück, die bei rituellen Festlichkeiten im sandigen Boden eingeritzt und mit Steinen, Farben und Federn ausgelegt wurden. Diese Bilder sind weitaus abstrakter als die relativ realistischen Zeichnungen der Ureinwohner im Norden. Im Zentrum besteht die Kunst fast ausschließlich aus Linien, Schraffuren und zahllosen Punkt-Mustern.

Die Kunst, aus zwei alten Hölzern ein Feuer zu entfachen, war eine der Fähigkeiten, die junge Aborigines schon früh lernen mußten, um im Busch überleben zu können. Bisweilen zeigen Ureinwohner heute den Touristen, wie man aus dürrem Holz Flammen schlägt.

Da christliche Missionare die heutigen Siedlungen der Aborigines auf den Tiwi Islands organisierten, gehörten Kirchen zu den ersten Gebäuden, die auf den beiden großen Inseln vor Darwin – Melville und Bathurst Island – entstanden. Klugerweise nahmen die Europäer den einheimischen Stil bei der Dekoration der Gotteshäuser auf, was den Tiwi-Aborigines die Identifikation mit dem Glauben erleichterte.

Die einstigen Erdfarben, meist in den Tönen Schwarz, Ocker und Gelb gehalten, sind heute leuchtenden Acrylfarben gewichen. Mit der Neuentdeckung der Kultur der Aborigines in den 1980er Jahren etablierten sich auch zahlreiche Spezialgalerien für diese Kunstgattung. Die wichtigsten Aborigines-Künstler sind inzwischen in allen großen Museen des Landes vertreten. Gute Aborigines-Kunst ist folglich mittlerweile recht teuer. Allen diesen großen Werken ist gemeinsam, daß sie auf ein *dreaming* zurückgehen, auf ein spirituelles Erlebnis – wobei es sich durchaus nicht immer um das *dreaming* des Künstlers selber handeln muß.

Wettlauf um die Kontinent-Durchquerung

Ein riesiger Erdteil tat sich ab 1788 vor den weißen Australiern auf, ein unwirtliches, auch gefährliches Land. Die ersten Entdecker landeten an verschiedenen Küsten, später drangen sie auf den Flüssen ins Landesinnere vor. Aber der trockene Kontinent bot nicht genügend Ströme, um ihn per Boot zu erkunden, erst auf dem Landweg war er zu bezwingen.

Edward John Eyre war 1841 der erste, der eine der großen Wüsten durchquerte: Von South Australia aus erreichte er nach Durchquerung der

Nullarbor Desert die Küste in Western Australia. Gemeinsam mit einem treuen Aborigine meisterte er parallel zur Südküste die Wüste, die ihrem Namen alle Ehre macht und wirklich baumlos ist. Beide wären bei der Expedition fast umgekommen, nachdem sich andere Aborigines mit allen Vorräten aus dem Staub gemacht hatten.

Der Deutsche Ludwig Leichhardt schaffte es 1845, als erster von einer Küste zur anderen zu gelangen, von Queenslands Ostufer an sein Nordufer. Drei Jahre später verschwand er mitsamt seinem ganzen Expeditionsteam spurlos, als er den riskanten Versuch unternahm, den Kontinent von Ost nach West zu druchqueren. Australiens einziger Literatur-Nobelpreisträger Patrick White hat Leichhardt in seinem Roman »Voss« ein Denkmal gesetzt.

Kürzer, aber nicht minder schwer war die Durchquerung Australiens von Süd nach Nord. Diese Route war deshalb wichtig, weil auf diese Weise

Die Tiwi-Aborigines auf den Inseln Bathurst und Melville haben eigene Muster für ihre Kunst entwickelt. Diese wurden zur Grundlage einer florierenden Textilindustrie.

eine Trasse für die erste transkontinentale Funkleitung gebahnt werden konnte. Über die indonesischen Inseln wurde dann eine Verbindung bis London geschaffen. 1860 brachen zwei Teams auf: in Adelaide John McDouall Stuart und Freunde – und in Melbourne Robert O'Hara Burke, William Wills, Charles Grey, John King und Freunde. Beide Teams wollten natürlich die ersten sein, die Australien durchmessen.

Stuart drang tief in das Landesinnere vor, mußte aber nach Aborigines-Attacken umkehren. O'Hara Burke, Wills, Grey und King erreichten 1861 zwar die Nordküste, kamen aber alle bis auf King auf dem Rückweg um. Im folgenden Jahr schaffte es auch Stuart im dritten Versuch. Dank seiner Anstrengungen konnte die ersehnte Telegraphenleitung gebaut werden. Seiner Route folgt noch heute in etwa der Stuart Highway, eine der Lieblingsstrecken europäischer Touristen. In Alice Springs und bei Tennant Creek können sie die Telegraphenstationen aus jenen Tagen der Eroberung Australiens besichtigen.

Wo einst Entdecker wie Robert O'Hara Burke und William Wills mühevoll ihren Weg durch die australische Wildnis bahnten (links), ziehen sich heute einige asphaltiere Straßen wie der Stuart Highway durch die noch unberührt wirkende Natur (oben).

Flagge zeigen

Australien hat eine prägnante Flagge: Auf dunkelblauem Grund bilden fünf Sterne das Kreuz des Südens, ein weiterer großer Stern repräsentiert das Commonwealth of Australia, in dem die meisten der einstigen britischen Kolonien vereint sind. In der linken oberen Ecke ist der Union Jack, die Flagge Großbritanniens, eingebaut. Vor allem dieses Symbol der Kolonialzeit ist allen jenen Australiern ein Dorn im Auge, die eine Republik anstreben.

Mit der neuen politischen Verfassung soll Australien natürlich auch eine neue Staatsflagge erhalten. Bereits seit einigen Jahren präsentieren Künstler, Vereine, Parteien und andere Gruppen ständig neue Entwürfe für die künftige Flagge. Es gibt wohl keine Zeitung in Australien, die ihre Leser noch nicht zu einem Flaggen-Wettbewerb aufgerufen hat.

Immer wieder tauchen in solchen Entwürfen Känguruhs auf, bisweilen auch Koalas, Emus oder sogar Schnabeltiere. Andere hätten gerne die für Australien in der Tat typischen Blätter der Eukalyptusbäume oder die gelben Blüten der Wattle Trees, der ebenfalls im ganzen Land heimischen Akazien, auf dem nationalen Tuch. Viele Vorschläge verwenden auch den markanten Umriß des Kontinents.

Einer der Hauptstreitpunkte sind die künftigen Farben: Soll es bei Marineblau, Rot und Weiß bleiben? Oder soll die neue Flagge in Grün und Gelb gestaltet werden? Diese sind bereits seit langem die inoffiziellen Nationalfarben, und Australiens Sportler treten stets in Grün-Gelb an.

Stars and Union Jack als Werbewimpel am Touristenkiosk – vor profanem Einsatz schützt auch die Historie nicht: Im Jahr 1901 wurde die Kolonie Australien in die Selbständigkeit entlassen, und das Land erhielt seine heutige Flagge. Dem marineblauen Tuch wurde zum Hinweis auf die einstige Kolonialmacht Großbritannien deren Union Jack in der linken oberen Ecke hinzugefügt.
Ansonsten zeigt die Nationalflagge nur sechs Sterne. Die fünf auf der rechten Seite symbolisieren das Kreuz des Südens, eine nur auf der Südhalbkugel der Erde sichtbare Sternenkonstellation. Der große siebenzackige Stern unter dem Union Jack ist das Zeichen des Commonwealth of Australia (so der offizielle Name des Landes) mit seinen sieben Bundesstaaten.

Der Premier State

Sydney – in jeder Hinsicht erste Stadt

Sydney ist die älteste, größte und bekannteste Stadt Australiens, sie gilt zu recht als eine der schönsten Städte der Welt und wird oft in einem Atemzug mit Rio de Janeiro, San Francisco oder Vancouver genannt. Zumindest ihr Alter, vermutlich aber auch die anderen Superlative verdankt die Stadt nicht zuletzt dem Sohn eines deutschen Lehrers namens Phillip. Der Pädagoge war nach der Heirat mit einer Engländerin nach London gezogen, dort kam 1738 ihr Sohn Arthur zur Welt. Ihm war ein Platz im Geschichtsbuch und ein Denkmal in den Royal Botanic Gardens in Sydney vorbestimmt.

Das Zentrum von Sydney, von Norden her aus der Luft gesehen.

New South Wales: Dichtbesiedelte Küste und menschenleeres Outback.

Der talentierte Marineoffizier wurde 1787 zum Kommandanten jener elf Schiffe der »First Fleet« ernannt, die Großbritanniens erste Kolonie in Australien gründete. Vorangegangen war eine entsprechende Empfehlung von James Cook. Am 29. April 1770 war der große Navigator erstmals in Australien an Land gegangen, in der Botany Bay. Er und sein wissenschaftlicher Begleiter, der später bei Hofe einflußreiche Joseph Banks, teilten in London mit, diese wegen ihrer Pflanzenvielfalt Botany Bay genannte Einfahrt sei für eine Besiedlung gut geeignet. Also erhielt Captain Phillip den Auftrag, die Gefangenenkolonie zu gründen. Als er Anfang 1788 in die Bucht einlief, merkte er bald, daß diese weniger geeignet war, als Cook und Banks geglaubt hatten. Er ließ Port Jackson, die benachbarte Bai im Norden, erkunden und fand diese für seine Zwecke geeigneter. Cook hatte die Hafeneinfahrt schon auf seinen Karten eingetragen, aber aus Zeitmangel nicht erkundet.

   Phillip war so begeistert von den Gegebenheiten, daß er in seinen Tagesnotizen festhielt, dies sei der »beste Hafen der Welt«. In einer Bay, der

Sydney Cove, gingen am 26. Januar 1788 – heute der Nationalfeiertag – die 212 Wachsoldaten und die 750 Strafgefangenen an Land. Unter den ersten weißen Bewohnern Australiens waren 190 Frauen und 13 Kinder. Phillip ließ den Union Jack hissen und die ersten Baracken bauen. Hätte er sich strikt an seine Order gehalten, wäre die Sydney Cove heute höchstwahrscheinlich eine von zahlreichen Buchten rings um Sydney und die Hauptstadt wäre, unter welchem Namen auch immer, an der Botany Bay entstanden.

Um Fluchtgedanken seiner Schutzbefohlenen mußte sich Phillip nicht viele Gedanken machen, die meisten blieben freiwillig im Lager oder kehrten doch nach Fluchtversuchen bald reumütig zurück. Zum einen lauerten im Busch die Aborigines mit ihren Speeren, zum anderen waren die erschröcklichsten (sic!) Gerüchte über die »Terra australis« im Umlauf. Die Einheimischen seien hemmungslose Menschenfresser, und überdies gebe es in diesem Land fürchterliche Monstren, von den giftigen Schlangen, mit denen mancher schon unliebsame Begegnungen hinter sich hatte, ganz zu schweigen. Probleme hatten Phillip und die nachfolgenden Gouverneure vor allem mit der Versorgung der Menschen. Die aus England mitgebrachten Samen gingen in der australischen Erde nicht auf. Kaum an

Der Blick von Mrs. Macquarie's Point im Botanischen Garten auf die zwei berühmten Wahrzeichen Sydneys: das architektonisch faszinierende Opernhaus und die Hafenbrücke, bei ihrer Eröffnung 1932 die größte der Welt. Sowohl die Bauweise der Oper wie auch die in wirtschaftlicher Depression entstandene Brücke waren zur Bauzeit wegen hoher Kosten sehr umstritten.

Land, drohte schon eine Hungersnot. Sehnsüchtig warteten Bewacher und Bewachte auf Nachschubschiffe aus England, die neuen Proviant bringen sollten. Das geschah aber erst zweieinhalb Jahre später. Eine Musterfarm in Parramatta, heute fast ein Vorort westlich von Sydney, eröffnete die Möglichkeit, den Umgang mit der fremden Erde zu erlernen. Aber insgesamt dauerte es doch rund zehn Jahre, bis kein Hunger mehr herrschte in New South Wales.

Gouverneur Phillip ließ von den Gefangenen Straßen und Regierungsbauten errichten, er versuchte auch, freiwillige Siedler nach Sydney zu locken, vor allem mit dem Versprechen, freies Land und die billige Arbeitskraft der Sträflinge zur Verfügung zu stellen. Soldaten und entlassene Gefangene erhielten ebenfalls gratis Land, um die Kolonie zu stabilisieren. Als Phillip 1792 nach England zurückkehrte und sein Vertreter zum Gouverneur wurde, versorgte dieser vor allem die Offiziere mit fruchtbarem Land. Überdies durften sie die Gefangenen für deren Arbeit mit Rum statt mit Geld bezahlen. Die Offiziere des »Rum Corps« wurden schnell sehr reich, weil sie den illegalen Handel mit Rum kontrollierten. Der neue Gouverneur William Bligh, der in der Kolonie für Ordnung sorgen sollte, wurde vom Rum Corps unter Arrest gestellt.

Brücke und Oper sind die Freude aller Fotografen: Ob bei Tag oder Nacht, die beiden technischen Denkmäler des 20. Jahrhunderts bieten immer wieder neue und interessante Perspektiven.

Zwei der vielen Buchten im Hafen von Sydney haben sich zu Touristenattraktionen entwickelt: Die Lagerhäuser im ältesten Stadtteil, The Rocks, bergen heute Restaurants und Boutiquen (rechts). Und aus den vergammelten Schuppen am Darling Harbour wurde ein moderner Komplex mit Hotel, Einkaufszentrum und Museen (unten).

Der Chinesische Garten (links) zwischen Darling Harbour und Chinatown ist ein Geschenk Chinas an Australiens Metropole. Die Oase der Ruhe inmitten der City wurde nach den jahrtausendealten Regeln chinesischer Gartenkunst angelegt. Moderne Ingenieurkunst hingegen ließ die Monorail (unten) zwischen City und Darling Harbour entstehen.

Erst als Lachlan Macquarie 1809 mit eigenen Truppen landete und den Umtrieben der »Rum-Soldaten« ein Ende setzte, kam die junge Kolonie in ruhigeres Fahrwasser. Macquarie begann ein öffentliches Bauprogramm und übertrug dem als Fälscher nach Australien deportierten Architekten Francis Greenway mehrere Aufträge. Die Greenway-Bauten, etwa die St. James' Church und die Hyde Park Barracks bei der gleichnamigen Parkanlage, zählen heute noch zu den attraktivsten Bauten der Hauptstadt von New South Wales.

»Die wilden Tage kannst Du in den Rocks noch spüren«, hatte Henry versprochen, als er mich vor vielen Jahren erstmals durch Sydney führte. Damals waren die Rocks, der älteste Stadtteil, noch ein ziemlich verwahrlostes Quartier, das durchaus Erinnerungen an Bordelle und Matrosenkaschemmen weckte. »Die Rocks sind ziemlich touristisch«, klagt Henry. Ganz unrecht hat er nicht, aber ein Bummel durch das historische Viertel rings um das alte Observatorium und unweit der Fähranleger ist dank seiner Kneipen und Boutiquen dennoch vergnüglich. Henry geht inzwischen lieber im Uni-Viertel Glebe oder in Paddington (»Paddo«) auf die Piste.

Henry murrt gerne über die vielen Touristen in seiner Stadt. Aber er räumt auch ein, daß Sydney den Touristendollars viel zu verdanken hat. Darling Harbour wäre wohl immer noch ein vergammelter Pier und nicht ein schmuckes neues Viertel mit Museen, Aquarium, Restaurants und Chinesischem Garten, wenn sich die Millioneninvestition nicht gelohnt hätte. So wurde das technisch geprägte Powerhouse Museum binnen kurzem zur meistbesuchten Sammlung des Landes, das ebenfalls in Darling Harbour heimische National Maritime Museum steht ihm kaum nach. Ob der knapp 305 Meter hohe Sydney Tower, von dessen Aussichtsplattform und Drehrestaurant man einzigartige Blicke über das »Manhattan der Südsee« genießt, ohne die vielen Besucher aus Übersee lohnend wäre, mag bezweifelt werden. Die Olympiaanlagen an der Homebush Bay sind auch nach den Spielen ein Besuchermagnet geblieben.

»Du hast recht, man trifft ja auch mehr Fremde als Einheimische in der Art Gallery oder im Museum of Modern Art«, räumte Henry ein. Selbst im naturwissenschaftlichen Australian Museum seien die Touristen in der Überzahl, wenn nicht gerade wieder mehrere Schulklassen durch die Aborigines-Kollektion toben. »Und ob das Queen Victoria Building allein für

Australiens älteste und größte Stadt ist voll unterschiedlichster Facetten: Das historische Queen Victoria Building (linke Seite, links oben) gilt nicht nur Sydneysidern als eines der weltweit schönsten Einkaufszentren, Shopping macht aber ebenso viel Spaß auf einem der zahlreichen Märkte (linke Seite, links unten). Die Gastronomie der Vielvölkerstadt befriedigt alle Ansprüche, auch wenn zur Lunchzeit die meisten Büroangestellten im Central Business District (linke Seite, rechts unten) den schnellen Snack in der Sonne vorziehen.

Westlich von Sydney horcht bei der Ortschaft Parkes ein großes Radioteleskop das Weltall nach Signalen ab. Über diese Antennenanlage kamen beispielsweise die Bilder von der Apollo-11-Mondlandung auf die Erde.

die Sydneysider zu einem derart prachtvollen viktorianischen Einkaufs-zentrum restauriert worden wäre, weiß ich auch nicht.« Nein, je länger Henry darüber nachdenkt, desto mehr Vorteile sieht er in den Besucher-scharen. Und die Idee des »Sydney Explorer« findet er ausgesprochen pfif-fig: Die roten Busse steuern während des ganzen Tages auf festem Rund-kurs die wichtigsten Sehenswürdigkeiten an, mit dem Ticket kann man beliebig oft ein- oder aussteigen. »Die Buslinie hat schon einen Nachfolger, den »Bondi & Bay Explorer«, der durch die feinen westlichen Vororte zu un-serem Paradestrand kurvt. Kein Wunder, daß alle Großstädte in Austra-lien die Idee geklaut haben.«

Angekokelte Schmuckstücke bei Sydney

Wenn man vom Sydney Tower ins Umland der 3,5-Millionen-Stadt blickt, sieht man erstaunt, daß sie von üppigem Grün umgeben ist: im Süden der Royal National Park, im Westen die Blue Mountains mit ihren National-parks, und im Norden unter anderem Ku-ring-gai Chase, natürlich auch ein Nationalpark. 1997 haben gewaltige Buschfeuer vor allem im Royal Park, dem zweitältesten Nationalpark der Welt, und in Ku-ring-gai Chase gewütet. Im Dezember 2001 brachen in diesen Naturschutzgebieten er-

Der Wallis Lake ist einer der großen Lagu-nenseen an der Pazifikküste nördlich von Sydney. Im Gegensatz zu anderen Seen hat dieser eine für kleine Boote schiffbare Verbindung zur offenen See. Beiderseits dieser Einfahrt liegt die Doppelstadt Forster-Tuncurry, ein beliebtes Badeziel in den Sommermonaten.

An der unteren Nordküste von New South Wales wechseln sich schroffe Felsen in der Brandung (links) ab mit einladenden Sandstränden und idyllischen Uferszenarien wie an den Lagunenseen des Myall Lakes National Park (unten). Obwohl dieser Küstenabschnitt vom Pacific Highway gut erschlossen wird, ist Port Macquarie die einzige größere Stadt. In den kleinen Strandorten ist Massentourismus noch ein Fremdwort.

neut Waldbrände aus, die sich als noch zerstörerischer erwiesen. Die Trockenheit und wohl auch Brandstiftung sorgten dafür, daß sich die Feuer immer wieder entfachen konnten. Die verkohlten Stämme werden noch einige Jahre unübersehbar bleiben.

Auch die Blue Mountains hatten unter den Feuerwalzen zu leiden. In dem nicht allzu hohen, aber schroffen und teilweise unwegsamen Bergen ist die Feuerbekämpfung auch besonders schwierig. Aus der Ferne wirken die Berge wegen der ätherischen Öle aus den Eukalyptusbäumen bläulich – sie waren stets ein Ausflugsziel der Sydneysider, die im Sommer die kühleren Höhen schätzten. So entwickelte sich vor allem rings um Katoomba ein florierendes Geschäft mit den Besuchern, steht dort doch mit der auffälligen Felsformation der Three Sisters das Wahrzeichen der Blauen Berge. Ku-ring-gai Chase wird vor allem von Wassersportlern geschätzt: Der Hawkesbury River, zahlreiche kleinere Flüsse und die Lagunen des Meeres haben hier gemeinsam exzellente Reviere für Segler, Kanuten und Angler geschaffen. Allein der Nationalpark bringt es auf eine Uferlänge von insgesamt rund 100 Kilometern.

Politik auf der grünen Wiese von Canberra

»Mit Canberra ist eine gute Schaffarm verschwendet worden.« – Dieser Spruch begleitet die australische Bundeshauptstadt seit ihrer Einweihung 1927. Viele der ohnehin an Politik nicht sonderlich interessierten Australier (ihre hohen Wahlbeteiligungen sind der Wahlpflicht zu verdanken) halten ihre wirklich auf der grünen Wiese entstandene Kapitale immer noch für Geldverschwendung. Sie ist politisch zumindest ein Kompromiß: Als bei Gründung des Staates Australien 1901 sowohl Sydney als auch die Rivalin Melbourne um den Hauptstadtrang buhlten, beschlossen die Lan-

*Einer Aborigines-Legende verdanken die
Three Sisters bei Katoomba in den Blue
Mountains ihren Namen. Die felsigen drei
Schwestern sind ein beliebtes Ausflugsziel
der Sydneysider, zumal es an heißen Som-
mertagen in den Bergen deutlich kühler ist.*

desväter die neue Stadt, »zwischen Sydney und Melbourne, aber nicht
näher als 100 Meilen an Sydney« zu gründen.

So wurde ein liebliches Tal am Fuße der höchsten Berge ausgesucht, und
New South Wales spendierte es für das eigenständige Australian Capital
Territory, abgekürzt ACT. Der amerikanische Architekt Walter Burley Griffin gewann mit seinem Konzept aus Sichtachsen, die auf den Parlaments-
hügel zulaufen, den ersten Preis. In seinem Entwurf wurden das Regie-
rungsviertel und die eigentliche Stadt durch einen Stausee getrennt, eine
Idee, für die Canberras freizeitfreudige Bürger noch heute Applaus spenden. Der wohldurchdachte und weitgehend umgesetzte Plan läßt sich gut
von den Hügeln rings um Canberra erkennen. Allerdings wurden auch 87
Jahre bis zu seiner Vollendung benötigt. Den Abschluß bildete das ge-
schickt in eine Hügelkuppe eingebaute Parlament, ein dank vieler Anklän-
ge an australische Natur und Kultur auch im Inneren sehenswertes Bauwerk. Aber kaum ein Besucher läßt es sich entgehen, auf dem Grasdach

*Billabong nennen die Australier Tei-
che und kleine Seen, die im Flußbett
stehenbleiben wie hier in der Nähe
von Trangie, wenn im Sommer die
Flüsse versiegen. Billabong ist eines
der Worte aus der Aboriginesprache,
das in die australische Sprache
eingegangen ist. Es taucht sogar in
der inoffiziellen Nationalhymne
»Waltzing Matilda« auf.*

*Schwere Clydesdale-Pferde ziehen eine
Kutsche durch die Wälder von Timbertown, einem historischen Themenpark in
Wauchope, nahe Port Macquarie. Touristen
können auf diese Weise nacherleben, wie
ihre Vorfahren einst durch das Land reisten, zumindest dort, wo es Straßen gab.
Timbertown ist der Geschichte der hier
ansässigen Holzindustrie, ihrer Holzfäller
und ihrer Sägewerksarbeiter gewidmet.*

bis auf den höchsten Punkt des Parlaments zu spazieren – wo sonst kann
man seinen Politikern derart problemlos aufs Dach steigen?

Dieser Neubau von 1988, ein Werk von Rinaldo Giurgola, hat Canberra
endgültig zu einer Touristenattraktion gemacht. Die Halbmillionenstadt hat
inzwischen weit mehr Besucher als Bewohner. Das verdankt die Hauptstadt
aber ebenso ihren vorzüglichen Museen. Während das Australian War Me-
morial, gewidmet den Einsätzen vom Buren- bis zum Vietnamkrieg, unter
den Australiern immer schon ein beliebtes Museum war, sprechen die neue-
ren Sammlungen auch ausländische Touristen an. Das gilt vor allem für die
National Gallery mit ihrer exzellenten Sammlung australischer Kunst, für
die National Portrait Gallery im einstigen provisorischen Parlamentsbau
und für das nationale Wissenschaftsmuseum Questacon. So ist Canberra
zwar inzwischen zu einem touristischen Geheimtip geworden, aber an der –
mittlerweile kaum noch berechtigten – Spottlust der Aussies hat das nichts
geändert: »Der beste Blick auf Canberra ist der in den Rückspiegel.«

Mit dem Bau des 1988 eröffneten Parlamentsgebäudes wurde der ursprüngliche Plan des Architekten Burley Griffin, ein System aus Alleen und optischen Sichtachsen zu schaffen, vollendet.

... Aber auch den Parlamentariern und den Regierungsangestellten eröffnen sich in diesem attraktiven Bauwerk immer wieder Ausblicke.

Kohle und Wein

Unter den besserbetuchten Sydneysidern gibt es einen neuen Trend: Ein Wochenend-Domizil im Hunter Valley. Das ist um so überraschender, wenn man weiß, daß dieses weite Tal zwar einen freundlichen Anblick, aber gewiß keine atemberaubende Naturszenerie zu bieten hat. Überdies gilt es als eines der bekanntesten Kohleabbaugebiete Australiens.

Der Reiz des Hunter Valley sind die renommierten Weine, die in seinen Kellern lagern. Und weil immer mehr Menschen aus dem nur 150 Kilometer entfernten Sydney direkt an Ort und Stelle verkosten wollten, was in den Fässern gereift ist, entwickelte sich in den letzten zwei Jahrzehnten ein richtiger Weintourismus. So kam der Landstrich, der mit der Kohle so gute Geschäfte nicht mehr macht, zu einem Golfplatz, ansprechenden Restaurants und Hotels, die an den Wochenenden meist ausgebucht sind.

Das ist allerdings nicht der Grund für den Trend zum eigenen Ferienhaus gewesen. Überhaupt gilt ein Ferienhaus nur dann als standesgemäß, wenn zumindest ein kleiner Weingarten dazugehört, man also seinen Freunden Wein mit eigenen Etiketten kredenzen kann. Siegfried, unser deutschstämmiger Freund aus Sydney, gibt dem Drang zur Traubenimmobilie im Hunter Valley allerdings nur eine begrenzte Lebensdauer: »Die meisten hatten keine Ahnung, wieviel Arbeit ein Weinberg macht. Die werden bald wieder verkaufen. Man kann sich je bei vielen Winzern eigene Etiketten anfertigen lassen. Die machen dann damit Kohle.«

Deutsches Vorbild: Weinwerbung im Hunter Valley.

Fähr-Verkehr

Seit Arthur Phillips Schiffe hier den Anker warfen, ist der Circular Quay das quirlige Zentrum von Sydney. Inzwischen finden an den Piers aber nur noch die städtischen Fähren und einige Ausflugsboote Platz – also der ideale Ort, um Australiens »First City« vom Wasser her zu erkunden. Die preiswerteste Art sind die Fähren; unter den neun Linien sind die Verbindungen ins historische Parramatta, zum Zoo von Taronga und zum Seebad Manly für Besucher der Stadt besonders interessant. Die beiden letztge-

Vorbildlicher Verkehr: Sydneys Fährlinien.

Emu mit Pfleger – bisweilen schnappt der Laufvogel etwas zu gierig nach dem Futter.

nannten Routen führen um das Sydney Opera House herum, die Route nach Parramatta unter der Harbour Bridge hindurch.

Auf Erläuterungen zu den beiden Wahrzeichen der Stadt muß man auf den Fähren natürlich verzichten. Wer mehr wissen will über diesen ausgedehnten Naturhafen mit seinen zahlreichen Buchten, ist auf den Rundfahrtbooten besser aufgehoben. Von der Hafenbrücke hört man dann beispielsweise, daß sie 500 Meter überspannt, die Fahrbahn 50 Meter über dem Meeresspiegel liegt und daß sie 1932 bei der Eröffnung die größte ihrer Art in der Welt war. *Coathanger*, Kleiderbügel, nennen die Sydneysider diese Brücke.

Für die weltberühmte Oper hat sich nie ein Spitzname durchgesetzt, vielleicht, weil Sydneys Bürger 1956 Sturm gelaufen sind, als der Däne Jörn Utzon seinen revolutionären Entwurf präsentierte. Als die Kosten für die bislang unerprobte Dachkonstruktion alle Vorhersagen weit übertrafen, steigerten sich die Anschuldigungen gegen den Architekten so sehr, daß er schließlich Australien im Zorn verließ. Er soll nie wieder zu seinem Meisterwerk zurückgekehrt sein.

Postboote

Brooklyn heißt der Ort beim Ku-ring-gai Chase Nationalpark, mit dem gleichnamigen, aber ungleich größeren Stadtteil von New York hat das Nest nur die Lage am Wasser gemeinsam. Aber diesem Umstand verdankt das australische Brooklyn eine Besonderheit: Täglich außer sonntags legt hier um 9.30 Uhr der Postbote ab, zu Schiff, weil er seine Adressaten nur auf diese Weise erreichen kann. Wer mag, kann ihn auf seiner Tour über den reizvollen Hawkesbury River begleiten, etwas mehr als das Briefporto muß man allerdings dafür anlegen.

In Australien mangelt es nicht an Regionen, die ähnlich schwer zu erreichen sind, obwohl weit und breit kein Wasserlauf die Zufahrt hindert: Auch die Rancher tief im Outback wollen natürlich ihre Post erhalten. So bricht im südaustralischen Coober Pedy regelmäßig ein »Briefträger« im geländegängigen Lastwagen auf, um die Post beispielsweise nach William Creek zu schaffen. Hier sind zahlende Passagiere gern gesehen. Dasselbe gilt für den Postflieger, der in Port Augusta mehrfach in der Woche auf seine luftige Outback-Tour geht. Auch der Pilot, der von Darwin aus die Post und frisches Brot in die Aborigines-Gemeinden des schwer zugänglichen Arnhemland fliegt, nimmt Touristen mit auf seine Rundkurse. Fast könnte man sagen: Australiens Post – eine Touristenattraktion zu Wasser, zu Lande und in der Luft.

Plastik im Portemonnaie

Unter »Plastikgeld« versteht man gemeinhin Kreditkarten. Auf dem fünften Kontinent kann man das aber ganz wörtlich nehmen, denn viele der australischen Geldscheine bestehen aus Plastik. Die ersten Versuche mit dem haltbaren, sich aber ungewohnt anfühlenden Geld verliefen nicht ganz zur vollen Zufriedenheit: Die Scheine waren noch nicht völlig farbecht. Das Problem ist inzwischen jedoch behoben, und Australien gilt international als Pionier für Plastik-Geldscheine. Wie es dazu kam, kann man auch in dem kleinen Geldmuseum verfolgen, das die staatliche Münzpräge in ihren Räumen am Rand von Canberra eingerichtet hat.

Ein lagenhaftes Land

Lange bevor im Hunter Valley ein Weinstock gesetzt wurde, ernteten die Weißen in Australien Trauben und ließen sie zu Wein heranreifen. Die ersten Reben kamen schon 1788 mit den Siedlern an Land: Arthur Phillip ließ kurz nach der Landung auf seinem Grundstück in Sydney die mitgebrachten Pflanzen in die Erde setzen. Sie gediehen zwar nur mäßig, aber immerhin kann man sagen, daß schon der erste Gouverneur Australiens Wein produzierte.

Erfolgreicher waren die deutschen Einwanderer, die 1842 im Barossa Valley bei Adelaide Wein anbauten und damit die bis heute andauernde Erfolgsgeschichte der Barossa-Weine begannen. Das ist um so erstaunlicher, weil die Religionsflüchtlinge aus Schlesien kamen, das sich als Weinanbaugebiet nicht sonderlich hervorgetan hat.

Schmucke Wachsoldaten, Bürgersleut und natürlich auch Häftlinge lassen im Themenpark »Old Sydney Town« nördlich von Sydney die kolonialen Tage wiederaufleben. Daß es in jener Zeit nicht nur friedfertig zuging, demonstrieren gelegentliche Schauprogramme, bei denen pyrotechnische Effekte für den großen Knall sorgen.

Weintrauben werden inzwischen in allen australischen Bundesstaaten angebaut, selbst in Alice Springs mitten in der heißen Trockenzone. Bekanntere und renommiertere Lagen neben Hunter und Barossa finden sich allerdings in Victoria (Yarra Valley, Great Western, Rutherglen), South Australia (Clare Valley, Coonawarra) und Western Australia (Swan Valley, Margaret River). Selbstverständlich kann man dort die Weine kosten. Australien, einst strikt ein Biertrinkerland, ist heute auch ein Weinland. Das beweisen nicht zuletzt die zahlreichen Auszeichnungen, die den Tropfen von *down under* bei internationalen Blindtests zuerkannt wurden.

IV

Der Sunshine State

Brisbane – wachgeküßt von der ganzen Welt

»Die Zeitverschiebung zwischen London und Brisbane beträgt im Durchschnitt etwa 16 Jahre«, spottete noch vor etwa drei Jahrzehnten der Schriftsteller Clive Turnbull. Wie seine Hauptstadt genoß damals der ganze Bundesstaat Queensland den Ruf, provinziell der Zeit hinterher zu hinken. Für einige ländliche Teile des zweitgrößten Staates mag das heute noch gelten, Queensland macht immer wieder mal mit Politpossen und ungewöhnlichen Wahlergebnissen Schlagzeilen.

Aber für Brisbane wäre diese Ansicht inzwischen eine Unterstellung. Die in eine Schleife des Brisbane River geschmiegte, von subtropischer Wär-

Das Surfen wurde zwar in Hawaii erfunden, aber seit ein hawaiianischer Prinz den Australiern einmal demonstrierte, wie man auf einer Welle reitet, ist das Surfen auf dem Inselkontinent zu einem Volkssport geworden.

me und Sonnenschein verwöhnte Millionenstadt galt zwar einst zu Recht als Australiens Pensionärs-Metropole. Aber seit der Weltausstellung im australischen Jubiläumsjahr 1988 ist Brisbane völlig verändert. Die EXPO hat die Stadt quasi »wachgeküßt«. Sie erhielt neue Museen, Theater und Konzertsäle, die wider Erwarten sogleich heftig genutzt wurden. Auf dem ehemaligen EXPO-Gelände am südlichen Flußufer entstand ein attraktiver, von Kanälen durchzogener Freizeitpark: Neben verschiedenen Museen,

einem Schmetterlingshaus und einem tropischen Regenwald unter Glas bietet die South Bank seither auch einen künstlichen Badesee, an dessen Sandstrand man einen unverstellten Blick auf die Büro-Wolkenkratzer am anderen Flußufer genießen kann.

Brisbane hat seit seiner überraschend erfolgreichen Weltausstellung auch gelernt, mit seiner schönen alten Bausubstanz schonend umzugehen. Einst wurde die schmucke viktorianische Architektur eilig abgerissen,

Queensland ist der zweitgrößte Bundesstaat Australiens. Seine Klimazonen reichen von »gemäßigt« im Süden über die Subtropen bis in die Tropen an der Nordspitze des Landes.

Der Brisbane River gab Queenslands Hauptstadt ihren Namen und ihre ungewöhnliche Lage: Mit einer großen Schleife umrundet der Fluß die City. Mehrere Brücken verbinden beide Ufer und geben der attraktiven Hochhaus-Silhouette bei Nacht einen romantischen Anstrich. Bei Tag bestätigen nur einige Blickwinkel diesen Eindruck von Brisbane, denn oft wurden fade Betonbauten neben alte Architektur geklotzt. So entwickelten sich die erhaltenen Bauten viktorianischer Tage schnell zu beliebten Treffpunkten.

wenn ein Investor ein schlichtes Hochhaus versprach. Selbst die City Hall mit ihrem berühmten 91 Meter hohen Rathausturm, dessen Vorbilder in der italienischen Renaissance zu finden sind, soll einmal zur Disposition gestanden haben. Das Rathaus blieb glücklicherweise erhalten und damit auch die öffentliche Aussichtsplattform auf dem Turm. Leider ist die Aussicht durch höhere Bürotürme etwas eingeengt.

Daß Brisbane den Wert seiner historischen Bauten erkannt hat, belegt die detailfreudig restaurierte Treasury; im ehemaligen Finanzministerium fand passenderweise ein Glücksspielcasino seine noble Bleibe. Wie wertvoll (und einträglich) das Alte sein kann, erweist sich auch im Earlystreet Historical Village im Vorort Norman Park, wo einige Gebäude aus der kolonialen Epoche zu einem Freiluftmuseum zusammengetragen wurden. Glücklicherweise blieben auch die Hoyts Regent Cinemas in der City erhalten, in die man zwar moderne Kinos einbaute, aber auch die eigenwillige Stilmischung spanisch-gotischen Barocks aus dem Eröffnungsjahr 1928 restaurierte.

In einem Land, in dem die großen Entfernungen ständig zum Fliegen zwingen, ist auch an der Küste das Flugzeug als schnelle Alternative zu den Schiffen ein allgegenwärtiges Verkehrsmittel. Mit Wasserflugzeugen können selbst jene Inseln im Whitsunday-Archipel erreicht werden, die zu klein sind für eine Landepiste (oben).
Natürlich sind solche Gebiete zwischen Land und See auch ideale Segelreviere. Die Whitsunday Islands zählen zu den schönsten Inselgruppen vor der Ostküste Australiens – ein Paradies für »Yachties«, wie die Segler in Australien genannt werden (unten).

Auf Hayman Island haben die Gäste des Luxushotels »Hayman Island Resort« (oben) die ganze Insel für sich allein. Aber auch andere Eilande der Whitsunday-Gruppe oder Inseln beim Great Barrier Reef haben oft nur ein Hotel.
Eins der beliebtesten Ankerplätze ist Airlie Beach (unten) – zur schönen Aussicht gibt es auch noch eine Bar.

Wie man aus Sand eine Gold Coast macht

Als Brisbane 1824 entstand, nach guter australischer Art als Häftlingskolonie, dachten die Gründer sicherlich nicht an die Segnungen des Tourismus. Und doch hätten sie die Stadt im Hinblick auf diesen nunmehr florierenden Wirtschaftszweig nicht besser plazieren können: Die Hauptstadt des Sunshine State liegt strategisch perfekt zwischen zwei ausgedehnten Strandregionen, die zu den beliebtesten Ferienzielen der Australier gehören. Nördlich der Stadt erstreckt sich über 50 Kilometer zwischen Caloundra und Noosa Heads die Sunshine Coast, im Süden offeriert die Gold Coast 40 Kilometer ununterbrochenen Sand und Surf.

Aus einer kleinen Strandkneipe namens Surfers Paradise ist an der Gold Coast binnen weniger Jahre eine Touristenstadt entstanden, in der sich immer höhere Apartment-Wolkenkratzer gegenseitig die Sonne wegnehmen. »Surfers« ist dennoch das populärste Ferienziel der Australier, zumal vor der Stadt ein schöner Strand und hinter ihr zahlreiche Themenparks auf die Urlauber warten.

»Der Name ist wirklich passend gewählt«, sagte die junge Frau am Infostand der Naturschützer, »hier hat man wirklich aus Sand Gold gemacht.« Sie wies auf die turmhohen Apartmenthäuser, die aus der Straße in Surfers Paradise eine Betonschlucht machten. »Wer hier ein paar Quadratmeter nutzlosen Sandbodens besaß, wurde quasi über Nacht reich, als hier der Massentourismus einzog«, fuhr sie fort. Ganz so schnell ging es dann doch nicht: Nach dem Zweiten Weltkrieg begann die Karriere des langen Strandes. Aus der kleinen Herberge »Surfers Paradise« wurde eine Hochburg des Pauschaltourismus, aus ein paar einsamen Wellenreitern rund drei Millionen Touristen pro Jahr. Im Hinterland ballen sich die Themenparks zusammen wie sonst nirgendwo in Australien: Sea World mit dressierten Delphinen, Killerwalen & Co., die Warner Brothers Movie World mit

Wildwestschau und für Filmaufnahmen dressierten Tieren, Dreamworld mit kleinem Zoo und nachgebautem Bayerndorf – um nur drei zu nennen. Und die Naturschützer, protestierten sie hier gegen die Auswüchse des Massentourismus? »Nicht ganz«, räumte die junge Dame etwas verlegen ein, »wir rufen auf zu Protesten gegen Probe-Ölbohrungen am Great Barrier Reef.« – »Das Riff liegt doch tausend Kilometer weiter nördlich?« – »Aber hier sind die Menschen.«

Zu den landschaftlich attraktivsten Gebieten im Süden Queenslands gehört der Lamington National Park im Hinterland der Gold Coast unmittelbar an der Grenze zu New South Wales. Die bis zu 1 100 Meter hohe Berglandschaft ist größtenteils überzogen von subtropischem Regenwald

Wie in allen Aquarien gehören auch im Great Barrier Reef Wonderland in Townsville die Haie zu den großen Attraktionen.

wie von einem grünen Pelz. Ein mehr als 160 Kilometer langes Wanderwegenetz durchzieht den feuchten, bei Sonne dampfenden Nationalpark voller Bäche und Wasserfälle. Daß jedes Kind in Australien den Begriff »Lamington« kennt, ist trotz unbestrittener Schönheit nicht dem Nationalpark zu verdanken: *Lamingtons* sind Australiens Nationalgebäck, Würfel aus leichtem Bisquit, die mit Schokolade überzogen und in Kokosraspeln gewälzt werden. Namengeber für Süßigkeit und Nationalpark war ein queensländischer Gouverneur um die Wende vom 19. zum 20. Jahrhundert – wahrlich nicht die unsympathischste Art, in die Geschichtsbücher einzugehen.

Die Sunshine Coast ist zwar deutlich ruhiger als ihre goldene Schwester, aber romantische Strandeinsamkeit ist auch hier die Ausnahme. Immerhin, Strandhochhäuser sucht man bislang vergebens, und die Lokalpolitiker aller Parteien versichern, sie würden ihre Uferlinie nie so »manhattisieren« wie die Konkurrenz im Süden. In Noosa Heads ist die Gefahr gering, daß dieses Versprechen gebrochen wird, denn der touristische Hauptort der Region lebt von seinem Ruf, etwas nobler zu sein als die anderen Seebäder im queensländischen Süden. Da passen Betonburgen nicht ins Image, hier soll nur das spektakuläre Kap des Noosa National Park inmitten des Ortes über die Häuser und die Palmen hinausragen.

Farbenprächtiger und nicht minder elegant sind jedoch die kleineren Fische und die Korallen des größten lebenden Riffs der Welt.

Die Millstream Falls (oben) sind eine der Hauptattraktionen im Atherton Tableland südlich von Cairns, ein
Gebiet, das zu Spaziergängen unter den Luftwurzeln
von Baumriesen (rechts oben) oder durch den wuchernden Urwald (rechts unten) einlädt. Eine andere
Sehenswürdigkeit im Hinterland sind die Undara Lava
Tubes (Mitte), große Basalthöhlen, die entstanden, als
vor nahezu 200 000 Jahren ein Vulkan explodierte. Die
Lavaströme, die sich dabei zu Tal schoben, kühlten an
der Oberfläche ab, so daß sich quasi Röhren bildeten,
in denen das Magma abfloß.

Straßenszene: Das Akkordeon soll die Aufmerksamkeit der Passanten vornehmlich auf sein leeres Transportgehäuse lenken, dort ist viel Platz für ein paar Dollars ...

Stumm ist hingegen die Straßenmusik auf einem Wandgemälde in Bowen, auch wenn die sorgfältige Bemalung durch Fenster und Klimaanlagen etwas artfremd gestört wird.

Handfester geht es an der Mündung des Maroochy River zu. Hier haben sich drei kleine Städte zu einer großen, immer noch wuchernden Urlaubsgemeinde zusammengefunden: Maroochydore, Alexandra Headland und Mooloolaba. Maroochy nennen die Aborigines einen in dieser Gegend lebenden Schwanenvogel, Mooloolaba ist vermutlich die Bezeichnung für eine schwarz-rote Schlange. Die »Patentiere« der Städte sind dort zwar nicht zu besichtigen, dafür kann man aber in Mooloolaba per Plexiglastunnel trockenen Fußes durch das größte Aquarium der südlichen Hemisphäre schlendern. Auch im Hinterland der Sunshine Coast gibt es einige Themenparks, etwa das nachgebaute Bli Bli Castle mit Folterkammer und Puppensammlung oder das Caboolture Historical Village mit viel Krimskrams aus der angeblich guten alten Zeit. Aber diese und andere Parks wirken, verglichen mit den großen Glitzerdingern an der Gold Coast, eher bescheiden und etwas bieder.

Deshalb wollen die besseren Leute im feinen Noosa Heads mit derlei Vergnügungen auch nicht gerne in einem Atemzug genannt werden. Sie verweisen lieber auf die Nationalparks ihrer Region, beispielsweise auf die bei Kletterern beliebten Glasshouse Mountains, die ihren Namen noch James Cook persönlich verdanken, oder den Cooloola National Park, der ebenso groß ist wie die gesamte Sunshine Coast. Im Gegensatz zu dieser mangelt es im Nationalpark zwar nicht an einsamen Stränden – auf knapp 55 000 Hektar Parkfläche verlieren sich die zehn Campingplätze –, aber viele sind nur per Boot zu erreichen.

Wie man aus Sand Berge auf Fraser Island baut

Am nördlichen Rand des Cooloola-Nationalparks, am Rainbow Beach, legen Fähren nach Fraser Island ab (weitere Fährhäfen sind Hervey Bay und River Heads), das einen Weltrekord auf der australischen Landkarte liefert: Nirgendwo auf dem Globus gibt es eine größere Insel aus reinem Sand. Die Baumeister dieses 120 Kilometer langen und bis zu 25 Kilometer breiten Eilands waren der Wind und der Ozean. Seine Strömungen trugen seit Jahrtausenden feine Sandpartikel die Küste entlang, bis sie hier an einem kleinen Riff hängenblieben, das schließlich zu einer Sandbank anwuchs. Die oberen Schichten trockneten bei Ebbe, und der Wind wirbelte sie zu mächtigen Dünen zusammen. Manche sind bis zu 200 Meter hoch, vielen sieht man ihren sandigen Kern nicht mehr an, weil sie dichter Wald bedeckt. An zahlreichen Stränden haben sich nahezu undurchdringliche Mangrovenwälder festgekrallt.

Die Nordhälfte der Insel ist als Nationalpark geschützt, Fraser Island wurde überdies 1993 von der UNESCO in die Liste des schützenswerten »Welterbes« aufgenommen. Das war notwendig, weil es Bestrebungen gab, den kommerziellen Sandabbau noch auszuweiten. Rund 200 Süßwasserseen geben Fraser Island als Alternative zur gefährlichen Meeresküste angenehme Badeplätze und den Tieren der Insel, Känguruhs, neugierigen Dingo-Wildhunden und wilden Ponies, ihre Tränken. An vielen Stellen wirken die Dünen wie Felsen, aber sie sind doch nur steinhart gepreßter

Das romantische Cooktown (oben) aus dem 19. Jahrhundert mit seinen prächtigen historischen Bauwerken aus der großen Zeit der Goldfunde in der Charlotte Street wurde nach Captain James Cook benannt, der hier 1770 gezwungenermaßen an Land ging, um seine leckgeschlagene »Endeavour« zu reparieren.

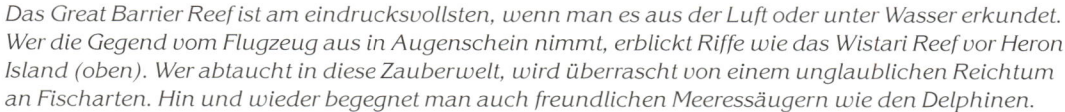

Das Great Barrier Reef ist am eindrucksvollsten, wenn man es aus der Luft oder unter Wasser erkundet. Wer die Gegend vom Flugzeug aus in Augenschein nimmt, erblickt Riffe wie das Wistari Reef vor Heron Island (oben). Wer abtaucht in diese Zauberwelt, wird überrascht von einem unglaublichen Reichtum an Fischarten. Hin und wieder begegnet man auch freundlichen Meeressäugern wie den Delphinen.

Sand. Auf der Insel gibt es keine asphaltierten Straßen, nur Pfade und den festen nassen Sand am Strand. Deshalb darf man nur mit allradangetriebenen Geländewagen, die man auf dem Festland mieten kann, nach Fraser Island übersetzen.

Fotogene Sommersprossen im Great Barrier Reef

Bei Berichten über China heißt es häufig, die Chinesische Mauer sei so lang, daß sie selbst von den Astronauten im All zu erkennen ist. »Falsch«, sagen die Weltraumfahrer, das größte menschliche Bauwerk sei auf dem blauen Planeten nicht auszumachen. Anders ist es mit dem weltgrößten Bauwerk kleiner Korallen, mit dem Great Barrier Reef an der Nordostküste Australiens. Im Blau des Ozeans ist die 2 000 Kilometer lange, weiße Brandungslinie weit vor dem Kontinent meist recht gut zu sehen. Besonders faszinierend ist das Riff – der größte Nationalpark Australiens – jedoch aus unmittelbarer Nähe, unter Wasser. Von »Blumen, die zu Stein wurden«,

Von oben wirken viele Eilande und Sandbänke wie Sommersprossen im türkisfarbenen Antlitz der See. So auch Heron Island im Great Barrier Reef, das zu zwei Dritteln als Nationalpark geschützt ist. Ein paar Palmen, blendendweißer Sand und ringsum ein warmes Korallenmeer – was könnte besser geeignet sein für komfortable Ferien a la Robinson?

und von »Steinen, die sich zu Blumen verwandelten«, sprach der Schriftsteller Kenneth Slessor angesichts der farbenstrotzenden filigranen Welt in den lichten und warmen Fluten.

Das vor 18 Millionen Jahren entstandene Riff schützt heute ein faszinierendes, rund 200 000 Quadratkilometer großes Gebiet, in dem etwa 600 Inseln in der Sonne liegen – Australiens überaus fotogene Sommersprossen. Die meisten dieser Inseln sind die Spitzen abgesunkener Berge, nur relativ wenige entstanden aus Korallenbänken und sind entsprechend flach; auf lediglich 20 stehen Hotels. Und selbst diese touristisch genutzten Inseln sind völlig unterschiedlich, die Palette reicht vom luxuriösen kleinen Tropenversteck für Millionäre (Bedarra) bis zu Eilanden mit mehreren Hotels (Great Keppel).

Ähnlich sieht es aus bei den weiter südlich gelegenen und strenggenommen nicht unmittelbar zum Great Barrier Reef zählenden Whitsunday Islands. Hier hat Hayman Island den Part des noblen Refugiums übernommen, während Hamilton mit seinen 2 000 Urlauberbetten für diese Inselwelt schon fast das Etikett Massentourismus trägt.

»Vom Riff und seinen Inseln haben vor allem die Orte auf dem Festland erheblich profitiert«, bilanzierte eine der queensländischen Zeitungen.

»Cairns wurde erst zum Treffpunkt der Internationale der Rucksackreisenden und dann zum am schnellsten wachsenden internationalen Flughafen in Australien. Port Douglas hat sich von einem schläfrigen Tropenkaff zu einem schmucken Badeort entwickelt, und selbst Townsville, eher ein Hafen für Viehzüchter und Bergbauunternehmen, konnte sich mit seinem eindrucksvollen Aquarium einen unerwartet hohen Anteil am Tourismus in Nord-Queensland sichern. All das«, so schließt das Blatt, »sieht nach einer rosigen Zukunft aus.«

Wie in jedem guten Nationalpark ist natürlich auch am Great Barrier Reef das Schießen erlaubt – vorausgesetzt, man benutzt dazu nur die Kamera. Unterwasser-Fotografen aus der ganzen Welt preisen das Riff vor Queenslands Küste als ideales Jagdrevier mit Fischen und und Korallen in allen nur erdenklichen Farben und Formen. Mit einer Ausdehnung von mehr als 2 000 Kilometern ist das Great Barrier Reef für Taucher ein nahezu endloses Vergnügen.

Die Eukalyptuskauer

»Kleine stinkende Pisser« nannte sie einst ein australischer Minister. Die Japaner, die um eine der raren Ausfuhrlizenzen für Koalas ersucht hatten, waren empört. Und weil viele Australier ebenso dachten, mußte der Minister öffentlich Abbitte leisten und den Koala höchstpersönlich nach Nippon begleiten – ein Canossagang im Medienzeitalter.

Ganz so unrecht hatte der Politiker nicht, gestand mir ein Mitarbeiter des Lone Pine Koala Sanctuary am Stadtrand von Brisbane: »Koalas sind längst nicht so knuddelig wie sie wirken. Sie können recht gemein kratzen, gut, daß sie meist zu träge dazu sind. Und der Eukalyptusduft, den sie aus-

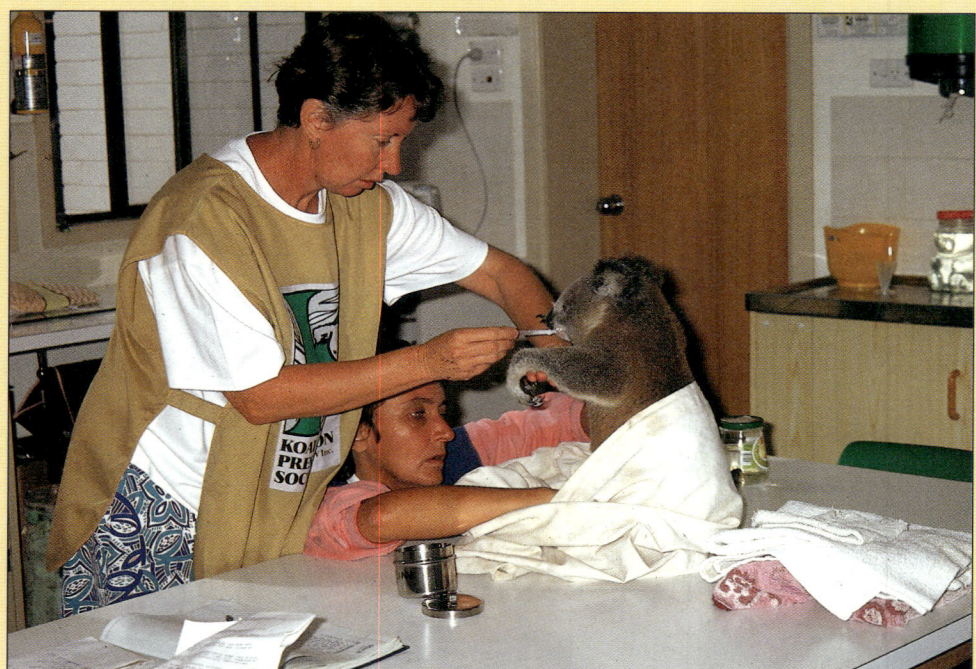

Armer kranker Koala – glücklicher Koala. Der kleine Beutelkerl wäre in der Wildnis wohl elend eingegangen. Aber zu seinem Glück hat ihn jemand ins Koala Hospital von Port Macquarie getragen. Dort sorgen kundige, freundliche Helfer, richtige Arznei und koalagerechtes Futter aus frischen Eukalyptusblättern für schnelle Genesung.

strömen, nervt auf die Dauer auch.« Ihr persönliches Parfum verdanken die Koalas ihrer Diät: Sie verspeisen nur spezielle Eukalyptusblätter, eine Kost, die für andere Tiere auf die Dauer tödlich wäre. In der Zuchtstation für die in freier Wildbahn einst vom Aussterben bedrohten Beuteltiere, eine der beliebtesten Touristen-Attraktionen in Brisbane, erfährt man alles über die Tiere, die zwar als Vorbild für den Teddybär dienten, aber biologisch nicht mit den Bären verwandt sind.

Sportliche Lebensretter

In kaum einem australischen Buch über mehrere Sportarten fehlt das Kapitel *lifesaving*. Daß die Lebensretter zu den Sportlern gezählt werden, ist zwar berechtigt, hat aber in erster Linie historische Gründe: Die ersten Australier, die sich zu Lebensrettungs-Organisationen zusammenschlossen, waren die Surfer. Bei ihren Ritten vor den Wellen haben sie oft genug erlebt, wie entkräftete Schwimmer hilflos im Meer trieben.

Daraus hat sich ein Kult für junge Männer und (später auch) Frauen entwickelt, der nahtlos zur Strandkultur der Australier zählt. Wenn auch in den letzten Jahren bei den Jugendlichen die Begeisterung für die *lifesaver* etwas nachgelassen hat, so trifft man an den öffentlichen Stränden wie an

Was für die einen ein schwankendes Brett ist, ist für andere goldener Boden – die Gold Coast bei Brisbane lebt so vorzüglich von den surfbegeisterten Australiern, daß sie einem ganzen Ferienort den Namen Surfers Paradise gab. Er hat inzwischen fast ebenso viele Hochhäuser wie die Hauptstadt, und auch in anderen Orten wie Coolangatta (unten) wachsen die Apartmenthäuser immer höher.

der Gold Coast immer noch genügend sportliche Lebensretter. Ihre harte Arbeit und Leistungsfähigkeit demonstrieren sie bei einem *beach carnival*. Dann legen sie sich beispielsweise mächtig in die Riemen, um ihre Boote möglichst schnell durch die Brandung zu stemmen. Ähnlich beliebt sind die Paraden der *lifesavers* am Strand entlang, in voller Montur mit den bunten Kopfhauben, die unter dem Kinn festgebunden werden.

Allrad-Nation

»Um Australien zu sehen, um seine Extreme wirklich zu erleben, ist es unabdingbar, die Kraft und die Bodenfreiheit eines allradangetriebenen Fahrzeugs zu nutzen«, sagen Kim und Peter Wherrett. Sie sollten es wissen, denn sie haben einen fast 600 Seiten starken Führer für all jene verfaßt, die das Land im *four-wheel-drive* erkunden wollen. Ihnen gelang ein Bestseller, was nicht verwundert, wenn man sieht, wie viele Australier mit Geländewagen durch die Landschaft karriolen.

Wer Australiens Städte und seine wenigen asphaltierten Adern durch das Land verläßt, tut gut daran, in einem Geländewagen mit Allradantrieb zu sitzen wie hier bei der Überquerung des Mossman River. Denn egal, ob die Flüsse wie im Norden reichlich oder wie in der Mitte gar kein Wasser führen: Beides kann sehr unangenehm werden, wenn man festsitzt. Im Norden teilt man sich die Fluten meist mit hungrigen Krokodilen. Und wenn die Räder im trockenen Flußbett steckenbleiben, droht das Verdursten.

Für Farmer und alle anderen, die im Outback leben, sind die geländegängigen Autos eine Selbstverständlichkeit, denn schon etwas abseits der wenigen asphaltierten Straßen beginnen die *tracks*, Pfade durch die Wildnis, die bisweilen gerade noch an schon langsam überwuchernden Spuren zu erkennen sind. Das ist gewiß kein Land für unerfahrene Outback-Touristen, vor allem nicht, wenn Regen die Strecken schlammig oder »seifig« gemacht hat. Daneben gibt es aber auch Straßen, die zwar nicht geteert sind, aber doch regelmäßig gepflegt werden. Auf diesen einfachen Straßen kann man bei trockener Witterung in der Regel auch mit Autos fahren, die keinen Allradantrieb besitzen. Bei Mietwagen lohnt sich zuvor allerdings ein Blick in den Mietvertrag: Vielfach erlischt der Versicherungsschutz, wenn man mit einem Wagen ohne Allradantrieb vom Asphalt abweicht.

Dort lauern aber auch Gefahren, die keine Autoversicherung abdeckt, vor allem Hitze und Durst. Deshalb gilt für alle Outback-Fahrten die Faustregel: An Bord gehören mindestens zehn Liter Wasser pro Person und Tag. Eine andere Empfehlung lautet, vor Fahrten in sehr abgelegenen Regionen die Polizei oder die Nationalpark-Ranger von dem Vorhaben zu informieren. Diese können zum einen gute Tips für solche Extremtouren

Australiens Wildhunde, die Dingos, sind stets wachsam, seit sie lernen mußten, daß sie einen Feind haben – den Menschen. Sie sind zwar für Erwachsene ungefährlich, reißen aber Schafe, deshalb stellen die Farmer den Tieren überall mit der Flinte nach. Nur in Nationalparks wie auf Fraser Island sind die Dingos weniger scheu und lassen sich auch einmal aus der Nähe betrachten.

geben; zum anderen wissen sie, wo sie suchen müssen, wenn mal etwas schiefgeht. Dann gilt übrigens die eiserne Outback-Regel: Immer beim havarierten Gefährt bleiben, im Schatten. Ein Auto ist aus der Luft leichter auszumachen als ein einzelner Mensch, der durch die Einsamkeit irrt.

Trotz des weiten und oft unwegsamen Landes – ein Grund für die außergewöhnlich hohe Zahl der Geländewagen in Australien ist dies nicht. Keine Nation ist nämlich so stark verstädtert, rund 85 Prozent der Bevölkerung leben in den Millionenmetropolen. Und dort, im Großstadtdschungel, müssen die *all terrain vehicles* sich bewähren auf dem Weg zu Bistro, Beach oder Bodybuilding-Studio. Und eines Tages, so nehmen sich die meisten der urbanen Geländefahrer ganz fest vor, werden sie ihr strammes Gefährt auch einmal ins Outback lenken, in das eigene, aber doch so exotische Land für »Kraft und Bodenfreiheit«.

Buschbrände sind in Australien nicht ungewöhnlich, meist sind es Blitze, die das ausgetrocknete Land in Flammen setzen. Die Rauchsäulen der Brandherde sind dann kilometerweit zu sehen. Oft läßt man die Feuer gewähren, bedrohlich wird es nur, wenn sich die Buschbrände Häusern oder Ortschaften nähern. Es gab Jahre, in denen gewaltige Feuerwalzen bis an Sydneys Vororte heranreichten.

Zum Abtauchen an die Riffkante: Geübte
Taucher gehen gerne an der äußeren Kante
des Riffs auf Unterwassertour, weil sie dort
auch auf Haie und andere große Meeresbe-
wohner stoßen. Wer auf derlei Nervenkitzel
verzichten will, ist in der Lagune mit ihren
Korallengärten besser aufgehoben.

Eine Alternative bieten Spaziergänge am
Strand, wo manches Wrack, wie das der
»Maheno« auf Fraser Island (rechts), von
nautisch besseren Zeiten kündet. Apropos
bessere Zeiten ...

Die Riffbaumeister

Sie sind winzig und zugleich das größte lebende Ding auf Erden, die Korallen des Great Barrier Reef. Sie haben in Millionen Jahren mit ihren Milliarden »Häusern« aus Kalk das Riff geschaffen, das auch den schwersten Brechern des Pazifiks standhält. Korallen gibt es in allen Formen und fast allen Farben. Sie bauen starre zierliche Geflechte oder massige Knollen, die wie das Gehirn eines Riesen aussehen, andere haben weiche Gehäuse, die wie Fächer in der Dünung wedeln. Korallenkalk kann alle Schattierungen zwischen Schwarz und Signalrot haben, andere Farben bringen die kleinen Polypentiere selbst in das schöne Bild, dessen Pracht durch die bunten Tropenfische noch gesteigert wird.

... In den Herbergen an Australiens Küsten läßt es sich auch kulinarisch gut leben.

Etwa 350 verschiedene Arten von Korallen haben Wissenschaftler bis jetzt weltweit entdeckt, sehr viele von ihnen findet man am Great Barrier Reef. Sie brauchen zu ihrem Wachstum vor allem Wärme (mindestens 18,5 Grad Celsius), Licht und Salzwasser. Wenn ein Riff absackt, sterben oft die unteren Korallen ab, weil sie nicht mehr genug Licht erhalten. Oben wachsen dann neue Gärten nach, ganz langsam, aber stetig dem Licht entgegen.

Wer die quirlige Unterwasserwelt vor Queensland trockenen Fußes erkunden will, kann in ein Spezialboot einsteigen, dessen Seitenwände teilweise aus Glas sind. Wenn das kleine Schiff dann gemächlich durch das klare Meer gleitet, bietet es eine vorzügliche Aussicht auf die bizarren Muster der Korallen. Noch ungewöhnlicher sind die nur aus der Vogelperspektive erkennbaren Sandbank-Muster, die Flüsse wie hier am Whitehaven Beach der Whitsunday Island zeichnen, wenn sie ins Meer münden.

Der Hafen von Cairns war immer schon ein Treffpunkt der »Yachties«, der Segler und Motorbootfahrer. Aber ansonsten war die Stadt im tropischen Norden von Queensland eher ein schläfriges Nest. Doch in den 1980er Jahren wurde die Stadt erst ein Geheimtip der Rucksackreisenden aus aller Welt und dann auch bald zu einem touristischen Zentrum. Cairns ist heute eine der am schnellsten wachsenden Städte Australiens, und auch der internationale Flughafen hat sein Passagieraufkommen enorm gesteigert. Den preiswerten Hostels folgen inzwischen die Fünf-Sterne-Hotels – und das in einer Stadt, die nicht einmal einen Strand hat. Ihr Vorteil ist die günstige Lage zu den Inseln des Great Barrier Reef, aber auch zu den tropischen Regenwäldern im Norden und den Wasserfällen im Hochland.

Darwins Dasein als Stehaufmännchen

Eigentlich müßte dort, wo Darwin auf einer Halbinsel in die Timor-See hinausragt, längst wieder Urwald wuchern wie ringsum. Keine Stadt ist so oft zerstört worden – aber sie hat sich jedesmal wieder aufgerappelt und ist attraktiver als zuvor geworden. Zwei solcher Katastrophen haben das Northern Territory und seine Hauptstadt Darwin tief im Bewußtsein der Australier verankert: Japans Bomber-Überfall im Zweiten Weltkrieg und der Wirbelsturm, der am Weihnachtstag 1974 die Stadt dem Erdboden gleichmachte.

In der späten Nacht des Feiertags erreichte der Sturm *Tracy* von See her mit Windstärken von mehr als 200 Stundenkilometern die Stadt. Als die Bürger von Darwin aus ihren Verstecken kletterten, fanden sie sich in einem Feld der Verwüstung wieder: 90 Prozent aller Gebäude waren vernichtet, nur eine Handvoll Häuser hatten dem Desaster standgehalten. Aus dem mit Weihnachtsschmuck makaber verzierten Schutthaufen wurden 65 Tote und viele hundert Verletzte geborgen. Eine Stadt mit damals 43 000 obdachlosen Einwohnern – schlimme Schlagzeilen mitten im seligen Weihnachtsfrieden. Am *Boxing Day*, dem (nach den *present boxes*

Die Wetlands im äußersten Norden des Northern Territory sind eines der tierreichsten Gebiete Australiens. Die Küstenebene, die von mehreren großen Flüssen durchzogen wird und in der Regenzeit um den Jahreswechsel herum kilometerweit überflutet ist, dient Hunderten von Vogelarten als Heimstätte. Krokodile, Schlangen und Wasserbüffel leben in den Sümpfen, im Wasser wimmelt es von Fischen, und auf den Felsen sind Känguruhs und Wallabies heimisch.

genannten) zweiten Weihnachtsfeiertag, begann die Evakuierung. Aus ganz Australien trafen Helfer ein, alle Fluglinien stellten Maschinen für Darwin-Flüge ab. Die reisefreudigen Australier, die Weihnachten als ihre hochsommerliche Haupturlaubszeit zu feiern pflegen, verschoben klaglos ihre Ferienflüge. Ganz nebenbei sorgte das traurige Ereignis für einen bis heute ungebrochenen Weltrekord: Ein Qantas-Jumbo flog 674 Menschen aus dem Katastrophengebiet, die höchste Zahl von Passagieren, die je mit einem Flugzeug startete.

Als die erste Hilfe geleistet war, standen Bürger und Regierung vor der Frage, ob man dieses Ruinenfeld überhaupt wieder aufbauen oder endlich dem Urwald überlassen sollte. Schließlich war *Tracy* bereits der dritte Wirbelsturm, der dieser erst gut 130 Jahre alten Stadt furchtbar mitgespielt hatte. Die kurze Historie Darwins hatte bereits mit einem zähen Kampf der ersten Bewohner gegen die ungastliche Natur begonnen. Bevor die heutige Stadt 1863 unter dem Namen Palmerston gegründet wurde, hatten wackere Männer schon viermal vergeblich versucht, an der Bucht eine Siedlung zu errichten. Temperaturen über 40 Grad, tropische Stürme und

Das Northern Territory ist der viertgrößte und menschenleerste Bundesstaat Australiens. Zwischen dem feucht-heißen Top End und dem trocken-heißen Red Centre leben insgesamt weniger Menschen als in manchen Stadtteilen von Sydney oder Melbourne. Touristisch ist das Territorium jedoch ein Schwergewicht, denn mit dem Ayers Rock und dem Kakadu Nationalpark sind zwei der großen australischen Attraktionen gegeben.

Die Sonne wirft schon lange Schatten, wenn der Mindil Beach Market donnerstags in Darwin beginnt. An den Ständen kann man Kunsthandwerk, Kram und Plunder erstehen. Und weil an zahlreichen Kiosken auch Speisen aus aller Herren Länder gekocht und gegrillt werden, verbinden viele Bewohner von Darwin den Marktbummel mit einem Picknick in den letzten Sonnenstrahlen. Natürlich wird der Markt nur in der »dry«, der trockenen Jahreszeit zwischen April und Oktober, aufgeschlagen, in der »wet« kommen die überdachten Einkaufszentren wieder zu ihrem Recht.

ein schwer zu bestellender Boden machten diesen Vorstößen jeweils ein vorzeitiges Ende. Goldfunde, die sich allerdings als nicht ergiebig erwiesen, hatten schließlich zur dauerhaften Stadtgründung geführt. 1897 demolierte erstmals ein Sturm die Stadt, 1937 folgte ein zweiter – die regelmäßigen kleineren Wirbelstürme nicht mitgezählt.

Der Wiederaufbau nach 1937 war noch nicht abgeschlossen, als eine neue Katastrophe vom Himmel herniederfuhr, diesmal von Menschenhand gesteuert. 1942 überfielen die Japaner mit 18 Bombern das völlig unvorbereitete Darwin und leiteten damit eine Serie von 64 Bombenangriffen ein, die bis zum November 1943 andauerte. Die größtenteils zerbombte Stadt hatte insgesamt über 2 000 Tote zu beklagen. Dennoch: der Krieg sollte sich zum Vorteil Darwins auswirken. Um den Norden zu verteidigen, wurde die klägliche Buschpiste von Alice Springs nach Darwin zu einer richtigen Straße ausgebaut, der Flughafen erfuhr eine Erweiterung und die Hafenanlagen wurden modernisiert. Die einsame Gemeinde am Top End des Kontinents fand Anschluß an den Rest des Landes und blühte auf. Bis *Tracy* all dem wieder ein Ende setzte.

Doch auch dieses Desaster sollte der *frontier city* von Nutzen sein. Die Bewohner streiften sich T-Shirts über mit der Aufschrift »War das eine Nacht mit Tracy!« und gingen ans Werk.

Millionen an Versicherungsgeldern und Staatszuschüssen strömten in die Stadt, in der alles neu angeschafft werden mußte. »Es war wie ein Goldrausch«, erinnern sich Veteranen. Seither wächst Darwin ungebremst. Die Hauptstadt des Territoriums hat sich eine »wirbelsturmsichere« Architektur zugelegt, deren massive Bauweise sich hinter viel tropischem Grün verbirgt.

Zu den Aktivposten zählt seit einigen Jahren auch der Tourismus. Früher diente Darwin nur als Ausgangsort für Touren zum Kakadu- oder zum Litchfield-Nationalpark, heute lohnt es sich durchaus, einige Tage in der Stadt zu bleiben und ihre interessanten Museen anzuschauen, insbesondere das vorzügliche Museum of the Northern Territory, dessen Sammlung auch einen guten Überblick über die Kunst der nordaustralischen Aborigines bietet, einschließlich der Tiwis auf den vorgelagerten Inseln Bathurst und Melville. Andere Sammlungen widmen sich der Lokalgeschichte, der Perlenzucht, der Luftfahrt und dem tropischen Meer – das man auch höchst lebendig erleben kann: In der »Aquascene« strömen bei Flut Hunderte von Fischen zur Küste, um sich füttern zu lassen.

Weniger freundlichen Wasserbewohnern widmet sich der Crocodylus Park; wer hingegen Känguruhs und Emus aus nächster Nähe erleben will, ist im Territory Wildlife Park südlich der Stadt richtig. Hier zeigen die Ranger auch, welche Flugkunststücke die Raubvögel des Nordens beherr-

Outbackkneipe in Daly Waters

schen, wenn sie ihre Beute schlagen. Nicht so spektakulär, aber nicht minder eindrucksvoll ist der Botanische Garten, der eine der größten Palmensammlungen der Welt bietet.

Wer Darwin aber wirklich erleben will, darf nicht nur seine Sehenswürdigkeiten abhaken. Um diese Stehaufmännchen-Stadt kennenzulernen, muß man mit ihren Menschen reden, etwa in einem Pub oder einer Hotelbar – angesichts der Tropentemperaturen hat Darwin den höchsten Bierverbrauch pro Kopf unter den größeren Städten. Die Einwohner kommen aus aller Welt, mehr als 80 Nationalitäten hat man gezählt, und ihre Zahl steuert auf 100 000 zu. Und wenn man in Darwin am Tresen steht, sollte man auf eine Besonderheit achten: Wenn die Bierbüchse geleert ist, wird sie nicht zerdrückt und weggeworfen. Pfand? Das nicht, aber jede Bierbüchse wird in Darwin zum Schiffsbau genutzt. Aus den verschweißten Büchsen entstehen dann Phantasiegefährte vom schlichten Floß bis zum Wikinger-Langboot, sie alle treten im Juni zur *Beer-can*-Regatta an.

Wenn zwischen November und April der Kakadu Nationalpark größtenteils unter Wasser steht und die Seerosen und Wasserlilien bunte Muster auf den Teichen anlegen, ist die beste Zeit gekommen für Millionen von Wasservögeln, die nun reiche Beute finden wie der Egret (oben) und die Pied Goose (rechts). Aber auch die Landvögel sind dann mit Nahrung gut versorgt, da alles wieder aufblüht und wuchert.

Australiens zahlreiche Echsen sind echte Zeugen der Urzeit. Das gilt gleichermaßen für die Eidechsen wie für die Krokodile. Die Goannas sind die größten unter den Eidechsen, wobei ein Perentie (oben) mehr als zwei Meter groß werden kann. Australiens gefährliche Salzwasser-Krokodile können es hingegen sogar auf fast sieben Meter Länge bringen. Die Süßwasser-Krokodile (unten) bleiben mit maximal drei Metern deutlich kleiner und gehen Menschen in der Regel aus dem Weg.

Die Steilwand-Metropole Katherine

Bis zu 70 Meter hoch sind die Steilwände in den Katherine Gorges, jenen spektakulären 13 Schluchten, die der Katherine River vor rund 25 Millionen Jahren in das rote Felsplateau eingefräst hat. Es ist schon hilfreich, einen kleinen Feldstecher zur Hand zu haben, wenn man die Wasserlinie sehen will: Mehr als 15 Meter hoch steigt das Wasser hier, wenn in der Regenzeit tosende Fluten durch das enge Tal strömen. Dann kann man nur einen Bogen um das herrliche Tal machen. Aber nach Ende der *wet*, etwa im März, werden wieder die Aluminiumboote zu Wasser gelassen, mit denen man die Schluchten erkunden kann – zumindest die ersten fünf, denn selbst bei einer Tagestour schafft man nicht mehr. Zwischen den Schluchten gibt es nämlich Untiefen, die man trockenen Fußes umgehen muß. Kanufahrer, die bei jeder Stromschnelle ihre Boote und ihre gesamte Ausrüstung um das Hindernis herumtragen müssen, planen deshalb auch mehrere Tage ein, um das ganze Tal zu erkunden.

Nitmiluk nennen die Aborigines der Region die Schluchten schon seit Urzeiten, deshalb erhielt auch der ausgedehnte Nationalpark diesen Namen. Die Ureinwohner sind heute an der Verwaltung des Parks und an seinen Einnahmen beteiligt. Sie profitieren auch von ihm, weil er interessante Arbeitsplätze als Ranger bietet. Für die Besucher ist dies eine Bereicherung, denn sie erfahren von den Aborigines nicht nur, wo die alten Felsmalereien in der Schlucht zu besichtigen sind, sondern auch, welche alten Mythen und Sagen mit dieser schönen Landschaft verbunden sind. Da ist zum Beispiel die Geschichte von einem jungen Paar, deren Liebe von ihren Stämmen nicht zugelassen wurde – sie stürzten sich von einer Klippe in die Schlucht und sind seither als freundliche Geister präsent.

Kristallklares und 34 Grad warmes Wasser lädt in Mataranka südlich von Katherine zu einem entspannenden Bad unter Palmen. Der Thermalpool liegt bei einem kleinen Touristendorf, in dem man übernachten kann. Das Gebiet wird auch von Anglern hochgeschätzt, weil im nahen Fluß die begehrten und wohlschmeckenden Barramundi-Fische leben.

Katherine, die Stadt bei den Schluchten, war stets ein wichtiges Versorgungszentrum am Stuart Highway zwischen Darwin und Alice Springs. Daß die Stadt aber auch touristisch etwas aus ihrem Schatz, dem Nationalpark, gemacht hat, verdankt sie nicht zuletzt Werner Sarny. Er sorgte nicht nur für ein ordentliches Hotel, er erkannte auch, womit Katherine über seine Schluchten hinaus werben konnte: mit den glasklaren warmen Quellen von Mataranka, mit den Cutta Cutta Caves, in deren Höhlengängen seltene Fledermausarten leben, oder mit dem Springvale Homestead, den der Einwanderer aufwendig restaurieren ließ und zum touristischen Zentrum machte. Keine Frage, Werner hat sich seinen Ehrentitel »Mr. Katherine« wirklich verdient.

Zwischen den einzelnen Schluchten der Katherine Gorge liegen Untiefen, die Bootstouristen und Kanufahrer immer zu Lande umwandern müssen. In der Regenzeit steigt der Fluß jedoch auf mehr als 15 Meter an und wird zu einem reißenden Strom. Dann sind die 13 Schluchten des Nationalparks für Wassersportler gesperrt, aber auch die Wanderwege auf dem Hochplateau bleiben dann einsam.

Alice Springs mit dem Prädikat »bonzo«

Als der britische Philosoph Bertrand Russell in den 1950er Jahren Alice Springs besuchte, war die berühmte Stadt mitten in Australien noch ein Zentrum der Vieh- und Schafzüchter ohne spezielle Attraktionen. Also zeigte man dem hohen Besuch stolz das Ortsgefängnis mit seinen komfortablen Zellen. Als Russell fragte, warum es denn den Spitzbuben so bequem gemacht werde, erhielt er die Antwort: »Oh, weil doch alle führenden Bürger der Stadt regelmäßig einige Zeit im Gefängnis verbringen.« Russell fuhr in seiner Autobiographie fort: »Mir wurde gesagt, daß die ein-

Der Stuart Highway bietet immer noch viel Einsamkeit, obwohl die einzige asphaltierte Straße mitten durch Australien inzwischen eine beliebte Ferienroute ist. Vor allem europäische Touristen schätzen das sanfte Abenteuer, mit einem Auto oder einem gemieteten Wohlmobil von der Nord- an die Südküste oder umgekehrt zu rollen.

Wo die asphaltierte Straße von Alice Springs durch die westlichen MacDonnell Ranges endet,
liegt Glen Helen, einst eine Farm, heute ein relativ komfortables Hotel am Rande der Wildnis.
Der Standort lag nahe, weil im See von Glen Helen so viel Wasser ist, daß er selbst in den
heißesten Monaten nicht trockenfällt. Entstanden ist der See aus dem Durchbruch des Finke
River durch die Bergkette. Der Fluß, den manche Geologen für den ältesten der Welt halten,
ist fast immer ausgetrocknet.

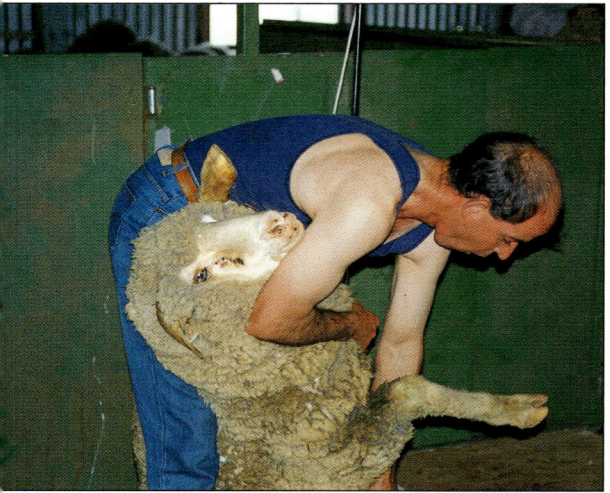

Schaf und Kamel waren vielleicht die wichtigsten »Importe« Australiens. Die Schafwolle ist Australiens einträglichste »nachwachsende Ressource«, und ohne die Kamele – genaugenommen Dromedare – wäre der Bau transkontinentaler Straßen und Bahnlinien vermutlich Jahrzehnte später gekommen ...

heimischen Farmer bei jeder möglichen Gelegenheit sich gegenseitig die Schafe stehlen.« Vielleicht war dies der Grund dafür, daß die Aussies *The Alice* immer *bonzo*, Spitze, fanden.

Der Sport des Schafestehlens wird offenkundig nicht mehr ausgeübt, zumindest merkt man als Besucher nichts davon. Und an Besuchern mangelt es der Stadt wahrlich nicht. Ähnlich wie Darwin begann Alice Springs seine internationale Karriere als Ausgangspunkt für Touren zu einer bekannten Natursehenswürdigkeit, hier dem rund 450 Kilometer entfernten Ayers Rock. Wie Darwin hat aber auch die ehemalige Telegraphenstation an der wertvollen Quelle in der Wüste eigene Attraktionen entwickelt: Man kann gut eine geschäftige Woche in Alice Springs verbringen, ohne an den Rock auch nur zu denken. Allein der Alice Springs Desert Park mit seinen 140 Tier- und 350 Pflanzenarten aus dem Red Centre fordert mindestens einen halben Tag, besser ist es, einen ganzen Tag für diese neue Attraktion freizuhalten.

Natürlich hat Alice Springs seine Telegraphenstation und sein Gefängnis zu Museen gemacht, aber ebenso attraktive Sammlungen gelten der Eisenbahn, der Fliegerei, den Pionierfrauen und der Geschichte und Natur des Red Centre, um nur einige zu nennen. Im Museum of Central Australia wird übrigens auch erklärt, warum das Zentrum des Kontinents wirklich rot ist: In den Felsen und im Sand sind zahlreiche kleine Eisenpartikel, die farbfilmfreundlich rosten. Warum hingegen kleine Karawanen mit Touristen auf Kamelen durch das fast immer ausgetrocknete Bett des Todd River trotten, erfährt man in der Frontier Camel Farm am Stadtrand: Die geduldigen Touristenträger sind domestizierte Wildkamele, die herdenweise durch das Outback ziehen.

Sie sind Nachfahren der Arbeitstiere, die im 19. Jahrhundert aus Afghanistan eingeführt wurden. Vor dem Bau der Eisenbahn und der Konstruktion wüstentauglicher Lastwagen waren Kamelkarawanen die einzige Möglichkeit, die Outback-Nester zu versorgen. Als die Kamele – genaugenommen sind es Dromedare – nicht mehr gebraucht wurden, schickte man die nunmehr lästigen Fresser im wahrsten Sinne des Wortes in die Wüste. Dort vermehrten sie sich wider Erwarten prächtig, deshalb werden heute sogar australische Wildkamele zur Blutauffrischung nach Arabien exportiert.

An einem einzigen Tag dürfen die Kamele nicht ins Flußbett: Im September erlebt Alice Springs das vermutlich eigenwilligste Bootsrennen der Welt, die Henley-on-Todd-Regatta. Die Boote, die hier an den Start gehen, sind bodenlos, und die Crews laufen auf dem feinsandigen trockenen Flußbett, wenn der Startschuß fällt, mit ihrem möglichst leicht gebauten »Booten« dem Ziel entgegen. Nur einmal, so heißt es, sei die Regatta wegen Regens ins Wasser gefallen.

... Als dann aber die Kamele überflüssig waren, wurden sie der Wüste überlassen. Dort vermehrten sie sich prächtig, domestizierte Exemplare der wilden Kamele schaukeln heute Touristen durch den Busch oder preschen bei den beliebten Camel Races über die Rennbahnen.

Ayers Rock – der Klotz des Kontinents

Wenn in Sydney die Jets in Richtung Europa abheben, führt ihr Weg oft über den Ayers Rock. Das rotleuchtende Symbol Australiens ist auch aus 10 000 Meter Höhe noch gut zu erkennen. Dabei ist dieser »Klotz des Kontinents« mit seinen 348 Metern wahrlich nicht sonderlich hoch und mit seinem Neun-Kilometer-Umfang auch nicht großartig beeindruckend.

Aborigines mit Speer und dem Blasinstrument Didgeridoo in der Abendsonne.

Zwischen dem Kings Canyon und Glen
Helen verläuft der Mereenie Loop, eine Piste,
die zur Erschließung der nahen Erdgasfelder
angelegt wurde. Touristen dürfen sie mit einem speziellen Permit benutzen, die Lizenz
zum Staubaufwirbeln ist an beiden Enden
des Pfades für ein paar Dollar zu erwerben.

Ghost Gums heißen die geisterhaft weißen
Eukalyptusbäume, die selbst auf kargen
Felsen einen winzigen Fleck Muttererde finden und Wurzeln schlagen. Ihre auffällige
Farbe verdanken die Bäume einer kristall-
artigen Borke, die den Sonnenschein reflek-
tiert. Im Kings Canyon findet man einige dieser prächtigen Bäume.

Die Standley Chasm in den Mac-
Donnell Ranges liegt 30 Kilometer
westlich von Alice Springs. Die
Schlucht ist so schmal, daß die
Sonnenstrahlen nur um die Mit-
tagszeit bis auf ihren sandigen
Boden reichen. Bis zu 80 Meter
sind die steilen Bergflanken hier
hoch. Irgendwann in grauer Vor-
zeit hat ein inzwischen längst ein-
getrockneter Fluß diesen schmalen Durchlaß in die roten
Sandsteinwälle gefräst.

Ayers Rock – Australiens berühmter Fels-block inmitten der weiten sandigen Ebene.

Seinen Ruhm verdankt der Ayers Rock denn auch der Tatsache, daß er völlig unvermittelt aus der sandigen Ebene ragt. Eine Bergspitze, die eben-so wie die 30 Kilometer entfernten Olgas der jahrtausendelangen Erosion standhielt und bei wechselndem Tageslicht alle Farbschattierungen zwi-schen Rosa, Orange und Purpur annimmt.

Aus der Ferne wirkt der Rock ganz glatt und wohlgerundet, aus der Nähe sieht er jedoch aus wie ein faltiger alter Elefant. Dennoch ist das Besteigen des Ayers Rock nicht ungefährlich, an einigen Stellen sind die Flanken so glatt, daß man leicht abrutschen und zu Tode stürzen kann. Deshalb wur-de an der beliebtesten Aufstiegsstelle eine Kette zum Festhalten veran-kert, sie blieb auch erhalten, als die lokalen Aborigines an der Verwaltung des Parks beteiligt wurden und seither Besucher bitten, den ihnen heiligen Berg nicht mehr zu besteigen. Sie nennen den Felsen Uluru. Viele der Höhlen und Wasserstellen an seinem Fuß sind tabu für Besucher, einige al-te Felsmalereien kann man jedoch besichtigen.

Kata Tjuta heißen die Olgas bei den einheimischen Aborigines: »Viele Köpfe« ist eine sehr passende Bezeichnung für die 36 Felskuppen, deren höchste mit 546 Metern den Ayers Rock deutlich überragt. Viele haben ih-re eigenen Geschichten, zwei der Berge sind beispielsweise Pungalungas, menschenfressende Riesen, die von den Aborigines nach langen Kämp-fen besiegt wurden und versteinerten. Der höchste Berg ist das Heim einer mythischen Schlange mit langen Zähnen, Mähne und Bart, deren Atem den Wind zwischen den Bergen bildet. Einige Mythen rings um Ayers Rock und Olgas kann man im Uluru-Kata Tjuta Cultural Centre verfolgen, einem harmonisch in die Landschaft am Fuß des Rock eingepaßten Infor-mationszentrum der lokalen Aborigines-Stämme.

Wer den kräftezehrenden und streckenwei-se wegen des glatten Steins nicht ganz un-gefährlichen Aufstieg auf den Ayers Rock geschafft hat, wird mit einem weiten Blick auf die Ebene und die Bergkuppen der Olgas belohnt. Während der Ayers Rock-Uluru aus einem geschlossenen Stein-brocken besteht, hat die Erosion die Olgas bereits zu einem spektakulären Durchein-ander von Felsen und Tälern zerlegt.

Panzer mit Biß

In Darwin verkauft eine Versicherung Policen gegen Krokodilattacken, ein beliebtes, nicht allzu teures Mitbringsel. Für das Unternehmen war das Angebot bislang profitabel, es hat noch nie eine Prämie auszahlen müssen. Aber die Zahl der häufig tödlich verlaufenden Angriffe von Krokodilen auf Menschen hat in Australiens tropischem Norden zugenommen. Niemand wundert sich darüber, denn seit die bissigen Panzerechsen – einst vom

Sie schwimmen vorzüglich, sie können gewaltige Sätze aus dem Wasser machen und auch an Land sind sie flink – als Mensch geht man Australiens Krokodilen besser aus dem Weg.

Aussterben bedroht – 1971 unter Naturschutz gestellt wurden, haben sie sich wieder so fleißig vermehrt, daß es statistisch häufiger zu Begegnungen zwischen Mensch und *croc* kommt.

Für die Folgen ist in erster Linie bedeutsam, auf welche der beiden australischen Krokodilarten man stößt. Die schmalschnauzigen Süßwasser-Krokodile können zwar bis zu drei Meter lang werden, greifen aber Menschen in der Regel nicht an. Im Gegenteil, sie sind scheu und suchen das Weite. Ganz anders die *salties*. Die durchaus auch im Süßwasser heimischen Salzwasser-Krokodile jagen alles. Die kraftstrotzenden Zeugen der Urzeit können bis zu sieben Meter lang werden. Dieser Art verdankt »Crocodile Dundee« seinen globalen Kinoruhm – und das Northern Territory ein gutes Zusatzgeschäft mit Krokodil-Beobachtungstouren.

Am Adelaide River nahe dem Kakadu National Park hat man den *salties* sogar das Hüpfen beigebracht: Wenn die Touristenboote herannahen, gleiten die Echsen, sofern hungrig, ins Wasser und springen brav nach den Fleischbrocken, die ein Matrose ihnen an einer Angel vor die Nase hält. Und natürlich gibt es in der Hauptstadt zerbissene und »blutbefleckte« T-Shirts mit der Aufschrift »Crocodile Wrestling Team Darwin«.

Im feucht-heißen Top End setzt die Erosion dem Gestein besonders zu. Sintflutartige Regenströme und dann wieder intensive Sonneneinstrahlung schufen im Litchfield-Nationalpark südlich von Darwin Felsgebilde, die wie von Künstlerhand geschaffen aussehen.

Die Felsüberhänge am Ubirr Rock im Kakadu Nationalpark boten einst den Aborigines nicht nur Schutz, sie schützten auch über Jahrhunderte hinweg die Felsmalereien der Ureinwohner. Es lohnt sich, diese Galerien mit einem Ranger zu erkunden. Meist sind es Aborigines, die zu den Zeichnungen nicht nur Erklärungen geben, sondern oft auch Geschichten aus ihrer Mythologie erzählen können.

Die verwitterten Felsen im Litchfield Nationalpark wirken bisweilen wie die Ruinen einer untergegangenen Stadt. Deshalb trägt dieser Teil des Parks auch den Namen Lost City. Noch bekannter als für seine pittoresken Verwitterungen ist der Nationalpark allerdings für seine Wasserfälle und schönen Badeplätze. Litchfield liegt bei Darwin, sehr zur Freude der Städter. Da die meisten Touristen im Top End den zu recht berühmten Kakadu National Park besuchen, fehlt die Zeit, auch nach Litchfield zu fahren. Deshalb bleiben die Einheimischen beim Baden meist unter sich.

Ein kontinentaler Querschnitt

Ob 4WD (Four Wheel Drive) ...

... oder Roadtrain, das Outback ist für Autos eine echte Herausforderung.

Down the track fährt man in Darwin, wenn man sich auf den Stuart Highway begibt. Aber aus der Piste ist längst ein Asphaltband geworden, das Darwin und Adelaide komfortabel verbindet. Die einzige Straße, die von Küste zu Küste durch das Innere des Kontinents verläuft, ist keine Route mehr für Abenteuer, denn entlang der gut 3 000 Kilometer langen Strecke gibt es auch im Outback in ausreichenden Abständen *roadhouses*, die Benzin und Bett bieten.

Eine leise Ahnung früherer Abenteuer kommt auf, wenn man durch die Einsamkeit rollt und nur alle halbe Stunde ein anderes Auto sieht. Der Stuart Highway trägt den Namen von John McDouall Stuart, dem Forscher, der 1862 auf etwa gleicher Route erstmals Australien durchquerte. Die heute bei Touristen beliebte Straße führt durch nahezu alle Klimazonen des Landes, vom feucht-tropischen Urwald im Norden durch die rote Steppe im Zentrum zur kalkweißen Wüste beim Opalgräbernest Coober Pedy, zur Salzwüste und schließlich in das fruchtbare Hügelland bei Adelaide. Ein echter Querschnitt. Auch die Ortschaften an der Piste und die Menschen in den Pubs vermitteln einen trefflichen Eindruck quer durch die Bevölkerung, zumindest lernt man jenen Teil der Aussies kennen, der abseits städtischer Lebensart seinen sehr eigenen Stil pflegt. Rauh und herzlich, so, wie wohl einmal der ganze Kontinent war.

Medizinmänner mit Flügeln

Ein Beinbruch oder eine simple Erkältung konnte in der Isolation des Outback das sichere Todesurteil sein. Im Jahr 1928, als sich in Australien das Flugzeug endgültig durchsetzte, hatte der Geistliche John Flynn eine großartige Idee. Damals flog der australische Pilot Bernd Hinkler als erster allein von England nach Australien; Charles Edward Kingford Smith, Australiens wichtigster Flugpionier, überquerte mit drei Kollegen den Pazifik, und zwei Buschpiloten gründeten im Outback von Queensland ihren »Queensland and Northern Territory Aerial Service«, kurz Qantas. Flynn unterbreitete ihnen seine Idee von einem »Royal Flying Doctor Service« (RFDS), und 1928 flogen die ersten Ärzte aus.

Mit dem Beginn des Maschinenzeitalters kam auch die Eroberung des australischen Inlands. Kühne Entdecker hatten – auf Pferden, Kamelen und oft genug zu Fuß – zwar die Wege durch die Wildnis gebahnt. Aber erst das Auto, die Eisenbahn und das Flugzeug machten das Outback auch für Menschen zugänglich, die sich keine Expeditionen leisten konnten oder wollten. Ein Wandgemälde in Alice Springs schildert diese Erschließung des Inlands mit Maschinen.

Die einsamen Farmen oder Aborigines-Siedlungen riefen sie im Notfall per Funk, um den Strom der Geräte per Dynamo zu erzeugen, mußte immer ein Familienmitglied kräftig in die Pedale treten. Heute erübrigen Satellitentelefone oder moderne Geräte diese Aufgabe. Das Funknetz teilen sich die Medizinmänner mit Flügeln übrigens seit 1951 mit der School on the Air, mit der die Kinder auf den Farmen unterrichtet werden.

Inzwischen unterhalten die fliegenden Doktoren 23 Stationen im ganzen Land, damit gibt es keinen Flecken in Australien, der nicht in maximal zwei Flugstunden erreichbar wäre. Die modernen Maschinen sind so ausgestattet, daß schon in der Luft die medizinische Behandlung beginnen kann, wenn dies notwendig ist. In den meisten Fällen heben die Ärzte, Krankenpfleger und Piloten allerdings zu routinemäßigen Touren durch ihr riesiges »Wartezimmer« zu den Sprechstunden im Outback ab. Akute, aber leichtere Fälle werden oft per Funk diagnostiziert. Dann empfiehlt der Arzt eine Medizin aus den im Outback immer gleichartigen Arzneikisten, in denen alle Medikamente durchnumeriert sind.

Es geht also längst nicht immer so dramatisch zu wie in der weltweit ausgestrahlten Fernsehserie über die Flying Doctors. Dem RFDS nutzt jedoch der TV-Ruhm: Seine Stationen sind seither Besuchermagneten. In der Basis nahe beim Zentrum von Alice Springs (der Flugbetrieb ist meistens vom medizinischen Ablauf getrennt) finden die Führungen in der Hauptsaison im 30-Minuten-Rhythmus statt. Die bescheidenen Eintrittsgelder bringen schließlich auch ein paar hunderttausend Dollar in die chronisch leeren Kassen …

101

Tiefreichende Wurzeln in Felsspalten erlauben es einsamen Eukalyptusbäumen, selbst auf kargem Gestein zu überleben und Sonne oder Sandsturm zu trotzen (oben). Dieselben Kräfte der Natur, ergänzt durch gelegentliche Regenfälle und kalte Winternächte, haben die Devils Marbles geformt (rechts).

Spinifex ist eine der härtesten Grasarten der Welt, dadurch kann es in den australischen Trockenzonen sehr gut überleben. Es wächst oft in »Kissen«, die erstaunliche Ausmaße annehmen können. Die Gräser bieten zahlreichen Tierarten Nahrung und sicheren Unterschlupf.

Bei den »Teufelsmurmeln« finden sich nicht nur runde oder ovale Steine, sondern auch viele Kuppen, die aus dem Erdreich ragen. An ihnen arbeitet die Erosion noch, und in einigen tausend Jahren werden auch sie mehr oder minder perfekte Kugeln sein.

103

Scharfe Felskanten sind ein Kennzeichen des Kings Canyon ...

... während die Olgas von den Aborigines den passenden Namen erhielten: Viele Köpfe.

Adler hoch im Himmel sind im Outback kein seltener Anblick. Die majestätischen Vögel kreisen lange und geduldig über dem scheinbar toten Land, bis sie eine Beute erspähen. Eine bevorzugte Jagdzeit ist die Abenddämmerung, wenn sich nach der Hitze des Tages die kleinen Tiere aus ihren Verstecken wagen.

Am Ayers Rock ist die Stunde des Sonnenuntergangs der Zeitpunkt eines großen Schauspiels: Der Felsen wechselt seine Farben von Tiefrot über Purpur bis schließlich Schwarz.

Ein Staat wie ein Opal

Total gelöchertes Land um Coober Pedy

»Glaubst Du wirklich, Du könntest hier was gewinnen?« fragte mich Tony, als ich im »Opal Inn« den herumliegenden Bingoschein anschaute. »Kauf Dir für Dein Geld lieber ein Bier. Und wenn Du Geld machen willst, steig ein in die Opalsuche. Mir ist das gut bekommen.« Ich schaute mir Tony etwas genauer an. Er sah zwar nicht abgerissen aus, aber Wohlstand strahlte auch nicht aus seinen Knopflöchern. Ich hatte schon gehört, daß man in Coober Pedy nicht nach Äußerlichkeiten gehen kann. Ich holte uns zwei Bier und fragte Tony: »Du hast den großen Stein gefunden?« »Nein«, antwortete er, »aber es hat sich in diesem Jahr ganz ordentlich summiert, ich bin zufrieden.«

Tony war Kroate und hatte eigentlich einen anderen Vornamen. Aber der sei zu kompliziert für Australien, sagte er, und Antonius sei ja auch kein schlechter Schutzheiliger. Er lebt seit vielen Jahren in dieser staubtrockenen Wüste. Bereits bei seinem zweiten Bohrloch war er ein wenig fündig geworden: »Nicht viel, aber genug, um die Kosten für den fahrbaren Bohrer zu bezahlen. Für eine knappe Rücklage hat es auch noch gereicht.« Die war auch nötig, denn die nächsten sechs Bohrungen waren vergeblich.

»Es ist also wahr, daß man nie genau vorhersagen kann, wo man Opale findet?« fragte ich. »Warum sieht wohl die Gegend rund um die Stadt aus wie eine Mondlandschaft?« fragte er zurück. »Das Land rings um Coober Pedy ist doch totel gelöchert. Die Hunderte von weißen Kegeln, die man von weither sieht, sind alle Abraum neben einem Bohrloch. 80 Prozent aller Bohrlöcher sind herausgeworfenes Geld. Aber wer weiß das schon vorher?«

Südaustralien ist der trockenste Bundesstaat – das will in Australien wirklich etwas heißen. Und ausgerechnet da, wo South Australia am trockensten ist, in Coober Pedy, verstecken sich die buntesten Schmucksteine im Erdreich. Da Opale aber auf dem Weltmarkt gutes Geld bringen, scheuen die Sucher weder die Mühsal der Wüste noch die harte Arbeit unter der Erde (links). Mittlerweile hat sich Coober Pedy allerdings zu einer komfortablen Stadt entwickelt, die dank der Opale und der Lage am Stuart Highway zu einer Touristenattraktion eigener Art geworden ist.

Opale, die in allen Farben schimmernden »Feuersteine«, sind eigentlich nur Halbedelsteine. Weil sie aber so selten sind (95 Prozent aller Opale kommen aus Australien), sind sie recht teuer. In Coober Pedy, dem größten Fundort, sind die funkelnden Farbschichten meist eingebettet in mil-

Aus aller Herren Länder, und somit auch aus Deutschland, kommen die Bewohner von Coober Pedy. Manch einer bringt ein Stück Heimat mit in die Einöde, etwa dieser Schrebergarten-Freund, der so zugleich und unübersehbar für seinen Edelsteinhandel wirbt.

chigweißes, glasartiges Gestein. Diese Opale sind etwas weniger wert als Steine mit einem natürlichen dunklen Unterton, auf dem die Farben besser zur Geltung kommen. Solche »schwarzen Opale« stammen in der Regel von anderen australischen Fundorten, etwa aus Lightning Ridge oder Andamooka. Daß in Coober Pedy die meisten angebotenen Schmuckstücke auch einen dunklen Opal haben, liegt daran, daß es sich um *Triplets* handelt. Dabei wird eine fein herausgesägte Opalschicht auf eine schwarze Glasschicht geklebt und beide werden von einer glasklaren Schicht umhüllt. Triplets sollten immer preiswerter sein als ganze Steine.

Coober Pedy lebt zwar für Opale, aber nicht mehr ausschließlich von ihnen. Als 1988 zur 200-Jahr-Feier Australiens auch der südliche Teil des Stuart Highway erstmals geteert wurde, entwickelte sich schnell der Tourismus. Tausende wollten fortan sehen, wo erwachsene Menschen in der Erde buddeln, um dort kleine bunte Steinchen herauszuholen. Außerdem war man neugierig auf die Höhlenwohnungen, hatten doch Reporter berichtet, in Coober Pedy lebe man wegen der enormen Hitze unter der Erde. In der Erde wäre genauer, denn die meisten sind am Fuße der Hügel waagrecht in das Gestein vorgetrieben worden. Nahezu alle Wohnhöhlen sind inzwischen mit sämtlichen Segnungen der Neuzeit ausgestattet, mit

Bädern, modernen Küchen, Telefon und Kabelfernsehen. Die begehrten Wohnungen sind zwar billig herzustellen – ein Bohrer fräst sich in das weiche Gestein –, aber dennoch rar. Es fehlt in Coober Pedy an geeigneten Bergflanken, fast alle zweckmäßigen Hügel sind bereits ausgehöhlt, und entsprechend teuer sind die vorhandenen.

Mindestens eine private Höhlenwohnung gehört ebenso zu den Besichtigungstouren über die Opalfelder wie ein Abstecher in eine der *underground churches*. Unterwelt-Fans können in Coober Pedy aber auch in einem Höhlenhotel wohnen, in einem Untergrund-Restaurant speisen, in einer Höhlenbuchhandlung nach Lektüre Ausschau halten oder direkt in die Nachbarhöhle des Schweizer Cafés hinüberwechseln. Ob ihn denn jetzt die vielen Touristen störten, wollte ich von Tony wissen: »Nö, die haben den Ort etwas zivilisierter gemacht. Und überdies sieht man öfter mal hübsche junge Mädchen, die sind hier sonst eher selten.«

Die Breakaways bei Coober Pedy sehen dank ihrer verschiedenfarbigen Gesteinsstreifen aus, als wäre ein Maler mit großen Pinseln nachlässig über den kleinen Bergzug hinweggegangen. Kein Wunder, daß Filmregisseure diese Kulisse bereits entdeckt haben. Einer der »Mad Max«-Filme war der erste, der zum Teil hier gedreht wurde. Seither haben alle »location scouts«, wie die Fachleute für das Aufstöbern geeigneter Drehorte genannt werden, die Breakaways in ihren Notizen.

Die Höhle als Lebensform? In Coober Pedy war eine Höhlenwohnung anfangs eher eine Überlebensform, denn die
ersten Opalsucher hatten keine andere Möglichkeit, sich vor
der unerträglichen Hitze in Sicherheit zu bringen. Heute feh-
len solche – inzwischen sehr komfortablen »Löcher« – in
keiner Touristen-Rundfahrt. Der erste, der das touristische
Potential seiner Behausung entdeckte, war Crocodile Harry.
Er gestaltete sein Heim dementsprechend und erzählt seinen
Besuchern von seinen Tagen als Krokodiljäger.

Auch die Pastoren sind in Coober Pedy in den Untergrund gegangen: Drei
Höhlenkirchen sorgen für die Seelen der Gemeinde.

Crocodile Harry im weniger repräsentativen Teil seiner Wohnhöhle. Viele Bewohner von Coober Pedy haben ihre Wohnungen sehr gut ausgestattet und eingerichtet, in einer gibt es sogar tief im Fels einen Swimmingpool, und in vielen findet man auch einen massiven Safe, in dem die Ausbeute der Opal-Jagd zwischengelagert wird.

Wilpena Pound – Australiens größte Wanne

Wie eine faltige Halbinsel ragen die Flinders Ranges bei Port Augusta in die südaustralische Wüste, eine trockene Berglandschaft mit grünen Tälern und vereinzelten Wasserläufen, die flankiert wird von Ebenen mit zwei großen Salzseen, in denen nahezu alles Leben erstorben ist. Die wilde Schönheit der Flinders Ranges ist zwar relativ leicht und über gute Straßen zu erreichen. Dennoch sind die Berge, in denen mehrere Nationalparks abgesteckt sind, ein recht einsames Revier ohne viele Touristen.

   Das Schaustück der Ranges ist der Wilpena Pound, ein ovaler Bergkessel, der aus der Luft wie eine gigantische Badewanne aussieht: An der Außenkante steigen die Felsenwände bis zu 500 Meter steil auf, im Inneren senken sich die Bergketten sanft zum Mittelpunkt. In diesem Bergoval liegt auch der höchste Gipfel der Flinders Ranges, der 1 164 Meter hohe St. Mary's Peak. Der Wilpena Pound ist etwa 16 Kilometer lang, zehn Kilometer breit und unbesiedelt, ein Versuch, in dem Kessel Landwirtschaft zu betreiben, scheiterte schon vor Jahrzehnten. Am südlichen Ende des Pound hat ein kleiner Fluß einen schmalen Durchgang in das Innere des Kessels

Anflug auf Wilpena Pound. Aber auch ohne die Schwingen eines Flugzeugs kann man die ungewöhnliche Form des Talkessels gut erleben: An der Innenseite gibt es mehrere Wanderwege hinauf zum Kamm des Bergovals.

geschaffen, ein Weg, der zahlreiche Wanderpfade erschließt. Einer von ihnen führt hinauf zum Rand des Ovals, wo die geologischen Eigenheiten des Pound gut zu erkennen sind.

In der Mythologie der Aborigines heißt es, daß der Wilpena Pound seine Entstehung zwei Schlangen verdankt, die sich um das Rund legten und an ihren beiden Enden zusammenschlossen. Diese Schlangen waren so durstig, daß sie die großen Seen in der Ebene leertranken. Die Wissenschaftler haben selbstverständlich eine andere Theorie, nach der die Berge durch Erdverschiebungen aufgefaltet wurden. Für sie sind die Flinders Ranges mit ihrem reichen Tier- und Pflanzenleben ein wichtiges Forschungsrevier, das von Zeit zu Zeit mit Überraschungen aufwarten kann. So gab es in den 1970er Jahren eine Periode mit ungewöhnlich heftigen Regenfällen. Danach erblühten die Täler und Bergflanken wie schon lange nicht mehr. Kurz darauf entdeckten die Botaniker Blumen und Pflanzen, die sie längst ausgerottet wähnten. Die Samen hatten offenkundig jahrzehntelang in der trockenen Erde überlebt.

Helle Rinde und lichtes Laubwerk sind Kennzeichen vieler Eukalyptusarten. Insbesondere am Rande von Flußläufen wachsen sie zu stattlichen Bäumen heran, selbst wenn die Flüsse im Sommer austrocknen.

Im Outback von South Australia gibt es eine Reihe von – teilweise auch warmen – Quellen, die große Mengen von Mineralien an die Oberfläche tragen und mit der Zeit kleine Hügel bauen.

Der Blue Lake von Mount Gambier gibt den Forschern immer noch Rätsel auf. Der Kratersee hat von Februar bis November eine graue Färbung, in den Sommermonaten ist er tiefblau.

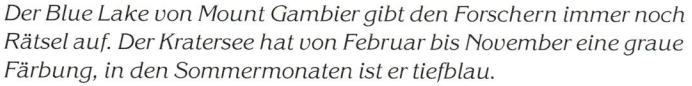

Salzüberkrustet sind die Relikte eines Versuches, den Lake Eyre zu überqueren. Der größte Salzsee Australiens ist zwar nur nach extremen Regenfällen überflutet, aber auch auf der festen Salzschicht läßt er sich wegen der Hitze nur mit Mühe bezwingen.

Wesentlich lieblicher als in der Salzwüste präsentiert sich South Australia in den südlichen Flinders Ranges.

Port Augusta in South Australia war immer schon wichtig für die Versorgung des Outback, erst als Hafen, dann als Bahnstation für die Route nach Alice Springs (rechts) und nach dem Bau des Stuart Highway schließlich als Startplatz für die mächtigen Roadtrains, die auf 64 Pneus alles Lebenswichtige in den Busch transportieren (unten). So war die Kleinstadt der rechte Ort für ein Outback Centre, das über das Leben in der vermeintlichen Wüste informiert. Dafür setzten die Stadtväter neben einem alten Konvent einen Neubau im Stil der Busch- und Wellblech-Architektur. Er dient zugleich als Info-Büro für Touristen (oben).

Die heutige Bahnlinie von Port Augusta nach Alice Springs hatte eine Vorgängerin, eine Schmalspurstrecke, die weiter östlich verlief. An diese Bahn erinnern heute nur noch einige Loks und Waggons (oben) und andere technische Relikte. Der »Ghan«, wie der Zug einst nach afghanischen Kameltreibern genannt wurde, ist heute durch einen gleichnamigen moderneren, von Touristen sehr geschätzten Zug ersetzt. Die Gleise des Old Ghan folgten seinerzeit weitgehend dem Oodnadatta Track, einer typischen Outback-Piste, an der nur ein paar Ruinen von Bahnstationen (unten) an hoffnungsvollere Zeiten erinnern.

Das vollendete Viereck von Adelaide

Der moderne Brunnen auf dem Victoria Square ist das Zentrum von Adelaide, der sorgfältig geplanten Hauptstadt von South Australia. Der Gründer der Stadt, Colonel William Light, hatte die quadratisch ausgerichtete Stadt mit breiten Straßen und kleinen Parks durchsetzt.

Die Südaustralier sind ungemein stolz auf ihre Herkunft und Historie. Schließlich sind sie Bürger des einzigen australischen Bundesstaates, dessen Geschichte nicht mit irgendwelchen Halunken begann, die von den Richtern der britischen Krone zur Buße und Besserung in das ferne Land verschifft worden waren. Südaustralien wurde von freien Menschen gegründet und besiedelt, von Untertanen des englischen Königshauses, die in eigener Entscheidung auswanderten, um in respektablem Abstand von den Sträflingskolonien neues Land unter den Pflug zu nehmen und den eigenen kargen Wohlstand zu mehren. Deshalb erzählen die Bürger von South Australia immer wieder gerne die Geschichte der Entstehung ihres Staates.

1836 erreichten die ersten britischen Siedler das neue Land, unter ihnen waren auch der Gouverneur John Hindmarsh und der Forscher William Light, letzterer als General-Landvermesser auch im königlichen Auftrag tätig. Sie landeten zuerst auf Kangaroo Island. Die Insel erwies sich als ungeeignet für die damalige landwirtschaftliche Arbeitsweise. Deshalb suchten die Siedler bald einen neuen Platz auf dem Festland für die künftige Hauptstadt der Kolonie. Der Marineoffizier Hindmarsh wollte einen Hafen als Hauptstadt, Light sprach sich für einen etwa zehn Kilometer landeinwärts gelegenen Landflecken am Ufer des Torrens River aus, um die Wasserversorgung der künftigen Stadt zu sichern. Er konnte sich durchsetzen und plante eine Stadt, die einzigartig ist auf dem australischen Kontinent: Adelaide.

Der alte Grundriß ist heute noch gut zu erkennen und gibt der Stadt einen entspannenden Charme, der viele Touristen anzieht. Light plante, den Wohnbereich der Stadt durch den Fluß von den Handels- und Verwaltungsbezirken zu trennen. Beide Stadtteile sind durch großzügige Parks charakterisiert. Die südlich des Torrens gelegene Innenstadt ist das vollendete Viereck, strikt geometrisch angelegt mit dem Victoria Square in der Mitte und vier kleineren Plätzen akkurat ringsum.

Ergänzt wird dieser Eindruck durch eine elegante architektonische Gesamtgestaltung, auch wenn die Bürohochhäuser der Gegenwart nicht immer perfekt mit den nostalgischen Bauten des 19. Jahrhunderts abgestimmt sind. Die Prachtstraße ist die North Terrace nahe beim Flußufer, an ihr liegen Parlament und Regierungsgebäude, das rund um die Uhr geöffnete Spielkasino in einem schmucken einstigen Bahnhof, Bibliothek, Universität und die beiden Hauptmuseen der Stadt, das South Australian Museum mit seiner bekannten Aborigines-Kollektion und die Art Gallery of South Australia.

Bald nach den ersten Siedlern landeten deutsche Religionsflüchtlinge, die teilweise nach Hahndorf in den Adelaide Hills weiterzogen und die schnell wachsende Stadt mit frischem Gemüse versorgten. Andere Gruppen dieser schlesischen Siedler zogen 1842 in das etwas weiter nördlich gelegene Barossa Valley und begannen dort, obwohl mit Trauben gar nicht

Das Barossa Valley war eines der ersten Weinbaugebiete Australiens, heute ist es immer noch eines der bekanntesten. Die großen Fässer in den Kellereien sind inzwischen auch ein beliebtes Touristenziel in dem Tal, das gut mit seinem falschen Namen lebt: Ursprünglich sollte es nach dem spanischen Weinbaugebiet Barrosa benannt werden.

Wem der Baustil dieser Kirche und einiger anderer historischer Bauten im Barossa Valley ziemlich deutsch vorkommt, liegt richtig: Die ersten Siedler waren schlesische Religionsflüchtlinge, die das ihnen fremde Weinbaugeschäft recht schnell erlernten. Die Langmeil Lutheran Church in Tanunda ist dank ihrer pittoresken Allee das bekannteste der einst deutschen Gotteshäuser. Tanunda trug ursprünglich den Namen Langmeil.

vertraut, den Weinanbau. Adelaide genießt folglich eine alte Weinkultur, was man der Stadt durchgängig anmerkt – sie ist den schönen Seiten des Lebens deutlich zugewandt. Dies zeigt sich in einer vielfältigen Restaurantszene, stärker aber noch in einem sehr aktiven Kulturleben.

Adelaide war früher eine ziemlich profillose Stadt. Sie galt bestenfalls wegen ihrer vielen Kirchen als *city of churches*, aber trotz des starken Einflusses der Geistlichkeit entwickelte die Stadt in den 1970er Jahren eine lebendige Kunstszene. Das Symbol dieser Entwicklung ist das Festival Centre zwischen City und Fluß, eine eigenwillige Architektur, die an zwei große weiße Käfer erinnert. Der 1977 eröffnete Komplex wurde für das Adelaide Festival errichtet, Australiens bedeutendstes internationales Kulturereignis. Die dreiwöchige Veranstaltung mit Theater, Musik und bildender Kunst findet jeweils alle zwei Jahre (gerade Jahreszahl) im Februar/März statt. Ein »Fringe Festival« ergänzt das Programm mit Veranstaltungen alternativer Künstler.

Mit den Festivals haben sich zahlreiche Galerien und Kleinbühnen etabliert, dank der Künstler belebte sich auch das gastronomische Angebot der Stadt. Wo es einst hauptsächlich Hotelrestaurants gab, laden jetzt nette kleine Bistros und Weinbars in der Rundle Street oder der Gouger Street zum Genießen ein. Und zur Lebensqualität dieser eleganten, unaufgeregten Stadt gehören sicher auch die nahen Strände am Gulf St. Vincent. Zum Seebad Glenelg rattert sogar eine alte Straßenbahn, deren nostalgische Waggons unmittelbar vor der Pier enden.

Kangaroo Island – Insel der Seelöwen

South Australia ist wie die Opale, die den Bundesstaat berühmt gemacht haben: In einem wenig attraktiven Umfeld (das sind die trockenen Wüsten im Norden und im Westen) finden sich immer wieder Edelsteine, die in den verschiedensten Farben funkeln. Zu solchen – zumindest in Europa – wenig bekannten Schmuckstücken gehört Kangaroo Island. Australiens drittgrößte Insel ist bei den Aussies zwar als Urlaubsziel durchaus geschätzt, liegt aber abseits des internationalen Touristenstroms. Folglich sucht man große Hotels oder luxuriöse Herbergen bislang noch vergeblich, ein »Mangel«, der dieser Insel gut bekommt. Kangaroo Island ist ein Ort für alle, die an der Natur mehr interessiert sind als am Nachtleben, und die größte abendliche Attraktion ist die Heimkehr der kleinen Pinguine in ihre Schlafhöhlen. Ob all das so bleibt, ist ein wenig fraglich, denn bei jedem Besuch erzählten mir die Insulaner stolz von neuen großen »Entwicklungsprojekten«. Bislang hat es aber immer am Geld zur Umsetzung der Pläne gefehlt.

Die etwa 150 Kilometer lange und gut 30 Kilometer breite Insel liegt südöstlich von Adelaide und ist an der Backstairs Passage nur 16 Kilometer vom Festland entfernt. Fast ein Drittel der Inselfläche wird von Nationalparks und anderen Naturschutzgebieten eingenommen und ist so dem Zugriff der Investoren, sollten sie denn kommen, entzogen. Entsprechend vielfältig zeigt sich die Vielfalt der Tierwelt, zumal es nie Dingos und Füchse auf der Insel gab. Und auch von der »australischen Plage«, den Kaninchen, die das Land kahlfressen, blieb Kangaroo Island verschont. Folglich mangelt es nicht an den Hüpfern, die der Insel ihren Namen gaben, man findet sie etwa im Flinders Chase National Park oder im Cape Gantheaume Conservation Park, den beiden größten Schutzgebieten.

Koalas waren eigentlich nicht heimisch auf Kangaroo Island, sie wurden aber eingeführt, weil die Naturschützer glaubten, auf der Insel könnte sich die bedrohte Tierart gut fortpflanzen. Die Annahme war richtig, so sehr, daß Kangaroo Island vor einigen Jahren weltweit in die Schlagzeilen geriet: Weil es inzwischen mehr Koalas als Futter auf der Insel gab, sollten 1997 viele von ihnen abgeschossen werden. Das führte zu heftigen Protesten, und seither suchen die Ranger in ganz Australien Plätze für ihre überzähligen Teddies – mit mäßigem Erfolg, denn seit sie nicht mehr zu den bedrohten Tierarten gehören, haben sie sich überall vermehrt. Jetzt erwägen Tierschützer sogar, die Weibchen mit Antiempfängnispillen zu füttern.

Selbst für viele Australier war es überraschend, daß so viele Koalas auf Kangaroo Island leben. Bekannter ist die Insel für die größte Kolonie australischer Seelöwen, mehr als 500 Tiere wurden an der Seal Bay schon ge-

Immer wieder kommt es am Strand von Kangaroo Island zu Auseinandersetzungen zwischen den Paschas, den männlichen Seelöwen. Sie zanken um die Haremsdamen der stärksten Bullen. Bis vor einigen Jahren konnte jedermann zwischen den Tieren frei herumspazieren, jetzt führen Ranger die Touristen in respektvollem Abstand an den Seelöwen vorbei.

zählt, viele verbergen sich allerdings – besonders bei kühler Witterung – in den Dünen. An schönen Tagen dagegen tummeln sich aber oft hundert und mehr Tiere zum Sonnenbaden am Strand. Bewegung kommt in die Herden eigentlich nur, wenn ein Bulle versucht, einem anderen eine Haremsdame abspenstig zu machen.

Früher gab es bisweilen Unruhe, wenn Menschen allzu nahe durch ihr Revier schlenderten. Heute kann man nicht mehr nach eigenem Gusto zwischen den Tieren entlangspazieren, die Seal Bay darf nur noch auf geführten Touren betreten werden. Die Ranger sorgen dann für den richtigen Abstand: nahe genug für »Charakterstudien« mit der Zoomlinse, aber doch in respektvoller Distanz.

Stockmen werden in Australien die Cowboys genannt, auch sie tragen breitkrempige Hüte und hochhackige Stiefel. Und für Rodeos putzen sie sich gerne besonders heraus. Viele der Rinderhirten sind Aborigines, die sich oft als gute Reiter erweisen und als besonders talentiert für diese schwere Aufgabe gelten.

Lifesavers sind ein wichtiger Teil der australischen Strandkultur. Die mit gelindem militärischen Drill trainierten Lebensretter – hier eine Frauengruppe beim Appell – holen nicht nur ermattete Schwimmer aus den Fluten. Sie erfreuen bei Strandfesten auch mit ihren Wettbewerben und Paraden.

Straßenbahnen gab es lange, bevor der erste elektrische Strom durch eine Oberleitung floß. Kräftige Rösser zogen einst die Waggons. Victor Harbour in South Australia ist einer der wenigen Orte, die sich solch eine Pferdetram bewahrt haben. Das Prachtexemplar ist sogar ein Doppeldecker mit Sonnendeck.

Der längste Zaun der Welt

Wer von Coober Pedy auf der Piste nach Oodnadatta fährt, erreicht schon kurz hinter der Ortsgrenze einen Zaun, der sich in beiden Richtungen bis zum Horizont zieht: der Dog Fence. Gut 9 600 Kilometer ist er lang, bis zu 2,5 Meter hoch und tief in den Untergrund eingegraben. Der längste Zaun der Welt wird regelmäßig auf Schäden untersucht, er beginnt an der Küste von Queensland und endet bei Ceduna in South Australia am Meer. Seine einzige Aufgabe ist es, die Dingos, die australischen Wildhunde, von den Schafherden fernzuhalten. Folglich werden nördlich des Zauns auch nur Rinder gehalten, an die trauen sie sich nicht heran.

Die Wildhunde werden etwa eineinhalb Meter lang und haben ein gelbliches bis rotbraunes Fell. Sie jagen alleine oder zu zweit – nur bei Nahrungsmangel schließen sie sich zu Horden zusammen –, vorzugsweise

Biologen machen sich zwar Sorgen, daß die reinrassigen Dingos immer weniger werden, weil sich viele mit Haushunden vermehren. Aber Farmer haben ganz andere Sorgen, wenn sie an die Wildhunde denken: Sie sehen ihre Schafe in Gefahr. Deshalb durchzieht ein Dingo-Zaun das Land von South Australias Küste bis an Queenslands Strand. Nördlich von ihm weiden keine Schafe mehr.
Wer von Coober Pedy auf dem Track nach William Creek fährt, passiert den Dog Fence und stößt am Ziel der Reise, dem Outback Pub von William Creek, auf eines der berühmten Schilder von Adam Plate (rechts). Der Chef des Pink Roadhouse in Oodnadatta, ein ehemaliger Kunststudent, hat mit seinen Outback-Schildern eine sehr eigene Form der Malerei gefunden.

nachts, dennoch sieht man sie bei Überlandfahrten relativ häufig. Den Menschen gehen die eher scheuen Raubtiere aus dem Weg. Die Dingos sind vermutlich vor 8 000 bis 3 000 Jahren von Indonesien her nach Australien eingewandert. Sie scheinen mit den nordischen Wölfen verwandt zu sein und können sich mit Haushunden kreuzen, was im Outback auch recht häufig geschieht. Biologen halten es deshalb für möglich, daß die reinrassigen Dingos auf längere Sicht aussterben.

Vom »floater« zum Filet

Ausgerechnet Adelaide, die Stadt der guten Küche, hat den *floater* zu ihrer inoffiziellen Nationalspeise erklärt. Dabei ist er eine kulinarische Zumutung: eine in Erbsensuppe schwimmende Blätterteigpastete mit undefinierbarer Fleischfüllung. Adelaides Nachtschwärmer schätzen den *floater* als Stärkung, dargeboten an fahrbaren Imbißbuden rings um den Victoria Square.

Bei Leib- und Magenspeisen wie diesen wird man daran erinnert, daß die gefürchtete englische Küche zweihundert Jahre lang den lukullischen Horizont Australiens definierte: Salate ohne Dressing, Gemüse bis zum Zerfall zerkocht, Fleisch durchgebraten, bis es grau ist. Als Eigenheit steuerten die Aussies ihre geliebte *tomato sauce* hinzu, die *Down under*-Version des amerikanischen Ketchup.

Erlösung kam erst nach dem Zweiten Weltkrieg mit den Einwanderern aus Südeuropa, die vor allem die italienische und griechische Küche zur Alternative stellten. Später kamen Einwanderer aus Asien hinzu und ergänzten das Angebot der chinesischen Köche mit vietnamesischen und indonesischen Varianten. Inzwischen ist eine Garde junger und innovativer Köche herangewachsen, die Australiens exzellente und frische Produkte sachgerecht zubereitet: Lamm- und Rindfleisch, Obst vom tasmanischen Apfel bis zur queensländischen Apfelsine, schmackhafte Schalentiere und einheimische Fische wie den John Dory oder den zu Recht gepriesenen Barramundi. Vorsichtig rücken auch die wohlschmeckenden und fettarmen Känguruhfilets auf den Speisekarten vor, für die ältere Generation ist das allerdings immer noch Hundenahrung. Emu-Steaks und Krokodilfilets stehen jedoch eher unter der Rubrik »Touristenfutter«.

In den Großstädten kann man seit der Entdeckung der Kochkunst vorzüglich speisen. Den vielgelesenen Restaurantkritikern mangelt es nicht mehr an empfehlenswerten Adressen. Auf dem Lande herrscht aber noch hier und da die alte Küchentristesse. Es wird zwar besser, aber bisweilen bleibt dort nur die Flucht zu *fish 'n' chips* – und das ist fast immer eine solide Alternative.

Der Pub von William Creek zeigt die Spuren manch munterer Outback-Nacht, ein Ambiente, das auch Touristen zu schätzen wissen. Die Kneipe am Oodnadatta Track ist auch ein Stopp auf der Rundreise des Postboten von Coober Pedy. Gegen Bezahlung nimmt er gerne Touristen mit in seinem allradangetriebenen Lieferwagen.

Wer Australien kulinarisch ins Visier nimmt, darf natürlich *vegemite* nicht verschweigen, das einzig wahre Nationalgericht. Man muß mit diesem Gemüse-Hefe-Brei vermutlich aufgewachsen sein, um dem wie Altöl aussehenden Brotaufstrich ein Leben lang verbunden zu bleiben. Wer sich als Australier tarnen will, kann zwar lauthals »Waltzing Matilda« singen und jedermann mit »G'day mate« grüßen – aber am ausdauernden Genuß von *vegemite* erkennt man unzweifelhaft den echten Aussie.

Aug in Aug mit dem weißen Hai

»Er ist wie eine Freßmaschine mit kaltem starren Blick. Ohne erkennbaren Flossenschlag, aber pfeilschnell schießt er auf dich zu. In dem Moment kriecht dir die Angst in alle Adern. Und schon kracht der Käfig, während die wie Sägeblätter wirkenden Zahnreihen sich kurz an dem Metall festbeißen.« So schilderte Silvio seine Begegnung mit dem weißen Hai.

Solche Treffen kann man in Port Lincoln im Büro der Touristeninformation buchen wie einen Pauschaltrip: Mit einem Boot geht es hinaus in den Spencer Gulf, wo an einem unterirdischen Riff meist ein oder zwei Dutzend weiße Haie ihre Kreise ziehen. Dort werden die Hai-Touristen mit Tauchgeräten versehen und dann in einem Schutzkäfig hinab ins Wasser gelassen.

Meist verläuft der Trip allseits zufriedenstellend: Der Veranstalter kassiert ordentlich, und die Taucher bekommen meistens einen oder mehrere weiße Haie zu sehen, ehe sie wieder an die Oberfläche gehievt werden. Eine Garantie für das erhoffte Treffen mit einem Hai gibt der Veranstalter allerdings nicht.

Die Fleurieu Peninsula südlich von Adelaide ist bekannt für ihre spektakuläre, immer wieder wechselnde Küstenlinie (rechts) und ein beliebtes Ausflugsziel für die Bewohner der Millionenstadt. Ihren Namen erhielt die breite Landzunge 1802 vom französischen Navigator Nicolas Baudin, der damit seinen Dienstherrn, den Marineminister in Paris, ehren wollte.

An der windzerzausten Südküste von Kangaroo Island haben die Kräfte der Natur aus massigen Felsbrocken bizarre Formen (links und rechts oben) geschaffen. Remarkables nennen die Bewohner der Insel diese Steine, ein passender Name, denn bemerkenswert sind die fotogenen Brocken in der Tat. Die Remarkables gehören zu den meistfotografierten Sehenswürdigkeiten im Flinders Chase Nationalpark.

Kangaroo Island, Australiens drittgrößte Insel, macht seinem Namen mit zahlreichen Känguruhs alle Ehre. Die Insel im Süden ist üppig bewaldet ...

... während Coober Pedy tief im Landesinneren nur einen einzigen Baum aufweist. Und der ist aus Metall geschmiedet. Dafür hat das Opalgräber-Städtchen seine eigene Bergwelt, nämlich Abraumhügel aus den Minen.

Im fruchtbaren südlichen Teil der Flinders Ranges können Pferde auf bunten satten Wiesen weiden ...

... dagegen zeigen die Remarkables auf Kangaroo Islands ein ganz anderes Bild der Natur: Regenschauer, Salzkörner von der See und Sandpartikel von den Stränden haben mit Hilfe des Windes die Felsen zu Formen geschliffen, die in jeder Galerie als attraktive moderne Plastiken durchgehen würden.

Das Land der Königin

Fine Arts, Footy und Formel 1 in Melbourne

Viktorias Hauptstadt Melbourne bekommt fast jährlich eine neue Skyline, denn in der Wirtschaftsmetropole werden immer mehr Wolkenkratzer in den Himmel gebaut.

Majestät war, wie man hörte, »really amused«. Man hatte zwar schon Städte, Flüsse, Inseln, Wasserfälle nach ihr benannt. Aber eine ganze Kolonie – das war schon etwas Besonderes. So erteilte Queen Victoria ihren Untertanen im fernen Australien 1851 gerne die Genehmigung, der neuen Kolonie ihren Namen zu geben. Politiker und Kaufleute in Melbourne hatten mit der Versicherung allerhöchster Huld einen cleveren Schachzug getan: Natürlich sahen es die Herrschenden in Sydney nicht gerne, daß sich nun einer der wirtschaftlich attraktivsten Teile von New South Wales abspaltete. Aber wie sollte man der Monarchin die »eigene« Kolonie verweigern.

Für die Melburnians kam die Abspaltung gerade zur rechten Zeit, denn im Wettlauf um die ertragreichsten Goldminen hatten sie mit den Funden von Ballarat und Bendigo das bessere Los gezogen. Der Reichtum der Goldfirmen ließ die Wirtschaft erblühen und bescherte Melbourne viele

prachtvolle Bauten. Von denen sind allerdings nur wenige erhalten, etwa das Exhibition Building zur großen Ausstellung von 1880, das seinerzeit als ein modernes Weltwunder galt. In jenen Jahren war Melbourne sogar größer und bedeutender als die ewige Rivalin Sydney, geblieben ist aus dieser wahrhaft goldenen Epoche das Geld der alten Familien, die fast alle noch immer in Victorias Hauptstadt ansässig sind.

Ihrem einstigen Reichtum verdankt die Stadt auch ihren größten Schatz, die weitläufig angelegten und allseits geliebten Parks. Die »Garden City« hat so viele Grünflächen, daß es kaum auffiel, als 1956 einige für die Stadien der ersten Olympischen Spiele, die auf australischem Boden stattfanden, geopfert wurden. Als ein Opfer hätten dies die Melburnians sowieso nicht verstanden, denn im ohnehin sportbegeisterten Australien gelten sie als geradezu sportnärrisch. So ist es nicht verwunderlich, daß der Melbourne Cricket Ground, gemeinhin nur als MCG bezeichnet, bis zu 110 000 Menschen fassen kann. Bei internationalen Cricket-Vergleichen ist das Stadion der Drei-Millionen-Stadt meist gut gefüllt. Restlos ausverkauft ist es aber mit Gewißheit, wenn das »Grand Final« im Football Australian Rules im Oktober ansteht.

Footy, wie dieses sportliche Eigengewächs heißt, ist in Melbourne fast ein Religionsersatz. Die Sportart, eine schnelle, etwas wildere Version des Rugby, entstand in Melbourne. In dessen Vororten waren auch die besten

Victoria ist die Nummer zwei in Australien: Der Bundesstaat ist, gemessen an der Fläche, der zweitkleinste, aber zugleich der zweitgrößte, gemessen an der Bevölkerungszahl. Der Staat an der Südostecke des Kontinents ist überdies die Nummer zwei hinsichtlich der Wirtschaftskraft.

Ein Blick auf die Hafenanlagen von Melbourne unterstreicht die ökonomische Bedeutung der Drei-Millionen-Metropole. An den Kais wird mehr Fracht umgeschlagen als in allen anderen Häfen Australiens. Ein profitables Geschäft. Ihren Wohlstand verdankt die Stadt jedoch den Goldfunden in Victoria. So konnte sich der Staat repräsentative Bauten leisten, etwa den schmucken Bahnhofsbau der Flinders Street Station (unten).

132

Höher und noch höher: Gemessen an seinen Hochhäusern, kann Melbourne mit seiner ewigen Rivalin Sydney mühelos konkurrieren. Aber die ranken Bauten der City kehren seit Gründung der Stadt dem Meer den Rücken zu. Die Strände an der riesigen Port Phillip Bay (unten) scheinen meilenweit entfernt zu sein von den Bürotürmen rings um die Collins Street.

Teams zu Hause, bis das Footy-Fieber auch andere Großstädte erfaßte und das Spiel zu einem großen Geschäft wurde. Die anderen Millionenstädte kauften sich ihre Spieler in und um Melbourne zusammen, Sydney legte sich gleich eine ganze Mannschaft zu und verpaßte ihr einen neuen Namen. Für die Melburnians war dies einerseits ein Triumph (»Sydney mußte um eines unserer Teams feilschen, weil es nicht einmal eine eigene Mannschaft zusammenkaufen kann«), andererseits eine Bedrohung. Nun war nämlich in Sydney über Nacht ein ernsthafter Konkurrent erwachsen, von den Truppen in Perth und Adelaide ganz zu schweigen.

Trotz allem ist Melbourne die Footy-Hochburg geblieben, auch wenn andere Sportarten bisweilen für einige Tage in den Vordergrund treten, etwa im Januar, wenn die besten Tennisspieler der Welt zum ersten Grand-Slam-Turnier des Jahres, den »Australian Open«, antreten. Ähnliche Begeisterung herrscht, wenn die Boliden der Formel 1 ihre röhrenden Runden über den Rennkurs nahe der City ziehen. Und jeweils am ersten Dienstag im November gönnt sich Victoria sogar den wohl einzigen offiziellen Feiertag der Welt, der einem Sportereignis gewidmet ist: Der »Melbourne Cup« ist das wichtigste Pferderennen des Landes, Millionen Dollar werden allein an diesem Tag verwettet. Deshalb folgt auch der Rest der Nation gespannt dem Rennen, und in allen Bundesstaaten finden aus diesem Anlaß feuchtfröhliche Büroparties statt. Auf dem Flemington Racecourse verfolgen die Melburnians die Cup-Rennen auf ihre Art, teils nobel im grauen Cut und mit Champagner-Picknick vor dem Rolls-Royce, teils schrill mit karnevalsartigen Klamotten auf den Tribünen oder mit bierseligen Barbecues rings um die Rennbahn und überall in Victoria.

Melbourne, die aus Sicht der Sydneysider so spröde Stadt, arbeitet zwar feste, feiert aber auch so. Die Stadt gilt als der gastronomische Schwerpunkt des Kontinents und als die kunstsinnigste Metropole, als »City of Fine Arts«. Letzteres belegt vor allem das Victorian Arts Centre, Mel-

Im Jahr 1899 entstand Melbournes wichtigster Bahnhof, die Flinders Street Station. Sie ersetzte damals den ersten Fischmarkt der Stadt. In den 1990er Jahren wurde der Bahnhof, den Experten zu den eindrucksvollsten der Welt zählen, aufwendig restauriert. Seither wird er nächtens angestrahlt.

*Die schönsten Einkaufspassagen in
Melbournes City entstanden bereits im
19. Jahrhundert, ihr Vorbild waren die
prachtvollen Galerien in Mailand. Viele der
Fachgeschäfte in den Passagen sind den
Melburnians seit Generationen vertraut, die
kleinen Cafés dienen als beliebte Treffpunkte während des Einkaufsbummels.*

bournes Antwort auf Sydneys Opera House – architektonisch weniger
spektakulär, aber vom Programm her attraktiver. Eine Konzerthalle, mehrere Bühnen und ein Museum zur Geschichte der Bühnenkunst bilden mit
der eindrucksvollen National Gallery ein Kulturangebot, das in Australien
einzigartig ist. »Hier, nimm die mit«, sagten meine Freunde und drückten
mir eine alte Decke in die Hand, als ich mich in die Nationalgalerie auf-
machte. Wofür? »Du wirst schon sehen.« In der Tat, wer die Great Hall des
Museums betritt, sieht warum: Einige Kunstfreunde liegen immer auf dem
Boden, um ohne Halsstarre Leonard Frenchs riesiges Deckenkunstwerk
aus Glas zu betrachten. »Ich wäre schon zufrieden, wenn die Leute vor meinen Werken auf die Knie gingen«, sagte in gespielter Verzweiflung ein australischer Amateurmaler, der neben mir auf dem Boden lag.

Einst überragten die Kirchtürme und die Kuppeln der Flinders Street Station Melbournes Innenstadt. Aber seit den 1930er Jahren, als die ersten Hochhäuser gebaut wurden, haben die alten Stadtspitzen nur noch Zwergenmaß. Leider strahlen nicht alle Hochhäuser denselben architektonischen Glanz aus wie die neugotischen und viktorianischen Bauten des 19. Jahrhunderts. Erst in jüngster Zeit zeigen auch die Bauherren der Wolkenkratzer künstlerischen Ehrgeiz.

Farbenfrohe moderne Kunst ziert das jüngste Quartier in der Innenstadt, den Southgate Komplex am Südufer des Yarra River. Die lange Zeit vernachlässigten Schuppen am Fluß wurden in den 1990er Jahren abgerissen und durch moderne Einkaufszentren, Büros und ein Spielcasino ersetzt. Vor allem die Restaurants und Cafés am Fluß beleben das Viertel. In dem Komplex befindet sich auch ein Aquarium mit mehr als 100 verschiedenen Fischarten.

⇨

Der wohl schönste und dramatischste Küstenabschnitt Australiens trägt einen biblischen Namen: Twelve Apostles. Die – nicht ganz – zwölf Apostel sind die Steinsäulen in der oft tosenden See, die all den Brechern an der Südküste Victorias trotzen. Auf einem Felsvorsprung an der Steilküste hat die Nationalpark-Verwaltung ein Podest errichtet, das eine gute Fotoperspektive auf die Felsen bietet.

Zur Grundausstattung australischer Haushalte gehören bequeme Klappstühle, die am Wochenende im Kofferraum des Autos verstaut und an mehr oder minder einladenden Stellen entfaltet werden. Insbesondere Pensionäre schätzen diese Bequemlichkeit auf Reisen. Australiens Rentner sind überaus reisefreudig. Überall im Land, auch in entlegenen Outback-Regionen, trifft man sie, oft reisen sie in Wohnmobilen – und natürlich mit Klappstühlen.

Die auf dem Geld sitzen ... Straßenkunst in Melbourne

137

Der Schwindel um die Zwölf Apostel

Sie sind mehr oder minder geschmackvoll, meistens aber monumental – die Denkmäler zur Erinnerung an die Gefallenen und die Soldaten der Kriege. Das bei weitem größte dieser Denkmäler ist rund 300 Kilometer lang, seine monumentale Wirkung verdankt es keinem Steinmetz oder Bronzegießer, sondern der Natur selber: Die Great Ocean Road ist nicht zu Unrecht Australiens Vorzeige-Küstenstraße. Als 1918 die Truppen des Landes von den Schlachtfeldern Europas zurückkehrten, fehlte es an Arbeitsplätzen. Deshalb beschloß die Regierung von Victoria, eine Straße an der wilden Küste südwestlich von Melbourne bauen zu lassen. Die Bauzeit dauerte wegen des unzugänglichen Terrains bis 1932, eine Plakette auf dem Mount Defiance widmet die Straße den Soldaten und Matrosen.

Wirtschaftlich und aus Sicht der Verkehrsplaner war die Great Ocean Road damals nicht unbedingt notwendig. Dennoch war ihr Bau prophetisch, denn mit dem Aufblühen des Tourismus nach dem Zweiten Weltkrieg hatte Victoria einen Trumpf zur Hand: Die Küstenstraße erschließt nicht nur einige der populärsten Seebäder an der Südküste, sondern auch Sehenswürdigkeiten wie die Twelve Apostles. Die prachtvollen, bis zu 100 Meter hohen Steinsäulen in der Brandung vor der Steilküste gehören zum vermutlich meistfotografierten Küstenabschnitt Australiens. Entstanden sind die Felsen durch die Launen der Erosion, sie sind stehengeblieben, als die Brandung die Küstenfelsen unterspülte und im Laufe der Jahrtausende Scheibe für Scheibe abtrug.

Am Festland gibt es keinen Ort, von dem aus man alle »Zwölf Apostel« sehen kann, obwohl der Port-Campbell-Nationalpark ein Podest auf einem Felsvorsprung anbringen ließ, auf dem die Fotografen ihre Kameras in Position bringen. So ist ein kleiner Schwindel möglich: Es stehen keine zwölf, sondern nur zehn »Apostel« in der schäumenden See. Ob es je wirklich zwölf Felssäulen waren, ist unbekannt, es gibt auch keine Zeugen dafür, daß irgendwann einmal eine Felsnadel den Wogen zum Opfer fiel. Das war ganz anders bei der »London Bridge«, einer weiteren Felsformation im Nationalpark. Hier hatte der Ozean zwei Bögen in einen Felsvorsprung gefräst, so kam die kleine Halbinsel zu ihrem Namen. Besucher benutzten die natürliche Brücke oft, um von ihrer Spitze aus die Steilküste zu fotografieren. Im Januar 1990 standen auch zwei Touristen an dieser Stelle, als plötzlich hinter ihnen einer der beiden Bögen krachend einstürzte. Die zu Insulanern gewordenen Touristen mußten schließlich von einem Helikopter geborgen werden.

Noch bekannter als dieses Ereignis ist in Australien die Geschichte der Loch Ard Gorge. Vor der engen sandigen Bucht lief im Juni 1878 der britische Dreimaster »Loch Ard«, dessen Kompaß defekt war, in der Winternacht auf Grund und versank. Nur zwei der 54 Menschen an Bord überlebten das Unglück, die achtzehnjährige Eva Carmichael, eine Passagierin, und der gleichaltrige Offiziersanwärter Tom Pierce. Er sah das Mädchen, das sich in der Brandung an ein Stück Treibholz klammerte und in Ohnmacht fiel. Dennoch gelang es Tom, Evas Nachthemd zwischen seine Zähne zu nehmen und die Nichtschwimmerin in die Bucht zu schleppen. Dort fiel er vor Erschöpfung in einen tiefen Schlaf.

Am nächsten Morgen kletterte Tom zu den Felsen hinauf und fand schließlich Helfer. Als diese in die Bucht zurückkehrten, mußten sie Eva allerdings erst mühsam suchen, denn sie hatte sich in Panik und aus Angst vor vermeintlichen Aborigines in den Büschen versteckt. In Australiens Zeitungen entstand aus Toms Rettungstat und der Nacht am Strand

schnell eine Liebesgeschichte, aber die Historiker sind sich einig, daß die vermeintliche Romanze eine Erfindung ist: Eva kehrte bald nach dem Unglück ins heimische Irland zurück. Tom sah sie nie wieder, obwohl ihm ein Jahr später ein weiterer Schiffbruch – diesmal vor der irischen Küste – widerfuhr. Vor dem Informationszentrum des Nationalparks in Port Campbell liegt der Anker der »Loch Ard«, Taucher haben ihn 1978 geborgen.

Aus der Luft wird erkennbar, warum die Küste bei Port Campbell in Victoria zu einem Nationalpark erklärt wurde. Hier hat sich die See fotogene Inseln und Buchten geschaffen.

Wintereinbruch in den australischen Alpen: Ein Stockman sucht das im Sommer wild weidende Vieh zusammen, um es in tiefergelegene, klimatisch günstigere Regionen des Gebirges an der Crenze von Victoria und New South Wales zu treiben. Dies ist die einzige Region auf dem australischen Festland, die in jedem Winter eine Schneedecke überzieht. Touristen aus Qeensland oder dem Northern Territory kommen im Winter eigens so weit in den Süden, um einmal echten Schnee zu sehen.

In den wenigen Winterwochen, im Juli und August, machen die Snowy Mountains ihrem Namen alle Ehre. Kaum liegt eine ausreichende Schneedecke auf Australiens höchsten Bergen, machen sich die Wintersportler in Melbourne, Sydney und Canberra auf den nicht allzu langen Weg zu den Liften und Pisten. Da es aber nur zehn Berge auf mehr als 2100 Meter Höhe bringen und die Sonneneinstrahlung auch im Winter recht intensiv sein kann, ist die Skisaison recht kurz.

Die Grampians mit dem Balkon der Nation

Wenn in Australien von Napoleon Bonaparte die Rede ist, muß durchaus nicht immer der Korse gemeint sein. Krimileser werden vermutlich eher an den gleichnamigen Inspector, einen Aborigine, denken, den Arthur Upfield zur Hauptfigur seiner weltweit gelesenen *crime stories* machte. »Mountains have a Secret«, 1952 veröffentlicht, spielt in den Grampians, ein Bergzug im Südwesten Victorias, in dem ein Polizeidetektiv umgekommen ist und mehrere Schulmädchen verschwunden sind. »Bony« gibt eingangs eine gute Beschreibung der Grampians, als er sich den Bergen von der Küste her nähert: »Sie erheben sich aus einer weiten Ebene mit goldenem Gras; anfangs sind es einzelne Felskuppen am nordwestlichen Horizont, dann steigen sie steil auf und schneiden in den kobaltblauen Himmel.«

Die Balconies sind die bekanntesten Fels-formationen der Grampians. Die beiden spektakulär in die Schlucht ragenden Steinplatten sind beliebte Reiseziele, weil sich dort besonders eindrucksvolle Fami-lienfotos ablichten lassen. Der Gebirgszug der Grampians ist bekannt für solche Abbruchkanten.

Thomas Mitchell stieß bei seiner Überland-Expedition 1836 als erster Weißer auf das Gebirge, der Schotte benannte es nach einem Bergzug seiner Heimat. Das Massiv ist zwar nur 95 Kilometer lang und etwa 55 Kilometer breit, steigt aber unvermittelt aus der Wimmera-Ebene auf mehr als 1 100 Meter an. Urzeitliche Vulkane schufen diesen Schatz der Natur, und die Kräfte von Wind und Wasser, Hitze und Eiseskälte haben die Vulkankegel in Feinarbeit zu einer schroffen, immer wieder mit neuen Formen überraschenden Felsenlandschaft umgeformt. Mehrere Wasserfälle liegen in den dichtbewaldeten Bergen, die meisten Seen sind durch unterirdische

Leitungen verbunden, das 14 600 Kilometer lange Netz versorgt knapp 50 Städte und Dörfer und etwa 7 000 Farmen mit Wasser.

Das Gebirge liefert eine Vielzahl guter Aussichtspunkte über die zerklüftete Landschaft. Die bekannteste und spektakulärste Formation der Grampians sind gewiß die *Balconies*, zwei übereinanderliegende, spitz zulaufende Felsscheiben, die weit aus der Steilwand ragen. Weil sich fast jeder Grampians-Besucher auf der unteren der beiden Felszungen »über dem Abgrund« fotografieren läßt, die Szenerie also in Tausenden von Familienalben aufbewahrt wird, werden die beiden auffälligen Felsen auch der »Balkon der Nation« genannt.

»Gariwerd« nannten die hier heimischen Koori-Aborigines ihre Bergregion, eine Bezeichnung, die im Namen des Grampians-Gariwerd-Nationalparks fortlebt. Die Kooris waren schon Tausende von Jahren vor Eintreffen Mitchells hier heimisch. Das Brambuk Living Cultural Centre nahe beim einzigen Ort, dem nur für Touristen geschaffenen Halls Gap, gibt Informationen über die Natur des Nationalparks. In dem architektonisch der Landschaft angepaßten Kulturzentrum werden auch die Lebensweise und die Kunst der Koori-Aborigines erläutert. Einige der alten Felsmalereien sind für Besucher zugänglich, andere im Gebirge bleiben dagegen gut verborgen vor den neugierigen Augen der Weißen.

Die rosafarbenen Galahs sind zwar sehr hübsche Papageienvögel, aber Outback-Bewohner teilen die Bewunderung der Touristen durchaus nicht. Für sie sind Galahs, die vorzugsweise in Schwärmen auftreten, in erster Linie eine dreiste und lärmende Belästigung, die in Felder und Gärten einfallen und dort erhebliche Verwüstungen anrichten. Wie zum Hohn können die frechen Vögel auch noch Menschenstimmen recht gut nachmachen.

Down by the Murray River

»Mighty Murray« wird Australiens längster Fluß genannt. Und mächtig ist der Strom wirklich, der Victoria von New South Wales trennt und in South Australia ins Meer mündet. An manchen Stellen ist er breit wie ein See. Aber ob er mit seinen 2 600 Kilometern Wasserlauf wirklich der längste des Kontinents ist, gilt *down under* als umstritten: »Mein Reiseführer«, so sagte ein Passagier auf der »PS Murray River Queen«, »nennt den Darling River als den längsten Fluß.« Der Nebenfluß des Murray war dort mit 2 739 Kilometern angegeben. Nun mußte die höchste Autorität des Raddampfers entscheiden, der Kapitän. »Der Murray ist der längste«, war die eindeutige Antwort. Und der Darling? »Pah, der ist doch nur eine Aneinanderreihung von Billabongs«, sagte er mit einer abwinkenden Handbewegung.

Nun war Übersetzungshilfe gefragt: Als *billabong* bezeichnen die Aborigines Seen und Teiche, die von einem Flußlauf übrigbleiben, wenn er im Hochsommer austrocknet. Und so ergeht es fast alljährlich dem Darling, der genaugenommen aus fünf verschiedenen Flüssen zusammenfließt. Der Murray hingegen trägt nur diesen einen Namen von der Quelle in den Snowy Mountains bis zur Mündung im Lake Alexandria an der Südküste. Auch ihm wird das Wasser bisweilen knapp, aber eine »Kette von Billabongs« war er nur zweimal, in den besonders trockenen Sommern von 1902 und 1914.

In jenen Jahren hatte der Murray seine große Zeit schon hinter sich, und der rühmende Beiname vom »Mississippi Australiens« geriet in Vergessenheit. Noch wenige Jahre zuvor hatte der Vergleich durchaus seine Berechtigung, dampften doch in der zweiten Hälfte des 19. Jahrhunderts weit mehr als hundert Raddampfer nach dem Vorbild der amerikanischen Riverboats über den Murray. Vorangegangen war dem 1853 der legendäre »Battle of the Captains«: Der Gouverneur von South Australia hatte einen Preis ausgeschrieben für den ersten Kapitän, dessen Schiff die Mündung des Darling in den Murray erreicht. Zwei Kapitäne trieben ihre Dampfer darob zu Höchstleistungen an, der Dampfkessel des einen Bootes mußte sogar mit eisernen Ketten umspannt werden, damit er dem Druck standhalten konnte. Das Rennen ging unentschieden aus, denn man beschloß, beide als Pioniere zu feiern, die den Fluß erschlossen haben.

Die neue Verbindung sorgte schnell für gute Geschäfte. Echuca entwickelte sich bald zum wichtigsten Binnenhafen Australiens, eine allerdings kurze Blüte, weil Eisenbahn und Auto bald dem langsamen Schiff Fracht und Passagiere wegnahmen. Um 1890 war die Zeit der Schiffe mit dem PS vor dem Namen, der Paddlesteamer, vorüber. Erst der Tourismus gab dem Murray seine einst nobelste Aufgabe zurück, Menschen durch das Land zu tragen. Seit an den Ufern des Flusses Museen zu seiner Ge-

Fahrten mit alten oder nachgebauten Raddampfern sind ein beliebtes Urlaubsvergnügen im Tal des Murray River. In den Originalbooten müssen noch wie einst Kohlenschipper dafür sorgen, daß die Dampfmaschine ordentlich Feuer bekommt.

schichte entstanden und alte Hafenanlagen oder historische Gebäude restauriert werden, wollen immer mehr Menschen den großen Strom erleben. So wuchs in den 1990er Jahren eine kleine Flotte von Raddampfern heran, die nostalgische Reisen verheißen, sei es auf Tagestouren, sei es auf mehrtägigen Kreuzfahrten mit Übernachtung an Bord.

Die Städte, die am meisten vom Touristenstrom profitieren, sind Mildura, Swan Hill und Echuca. Mildura, die sonnenreichste Stadt Victorias, besitzt mit diesem Rekord das wichtigste Kapital eines Urlaubsortes und nutzt es auch. So konnte die »PS Melbourne«, einer der wenigen original erhaltenen Raddampfer aus alten Zeiten, ein zweites Leben als Ausflugsschiff für Touristen genießen. Einer der größten, die je den Murray befahren haben, die »PS Gem«, ist in Swan Hill beim Museumsdorf »Pioneer Settlement« dauerhaft vor Anker gegangen. Was in Swan Hill nachgebaut wurde, ist in Echuca noch im Original vorhanden: der alte Hafen. Seine massigen, früher dreimal so langen Kaianlagen aus Eukalyptusstämmen sind das Symbol der Stadt. Der »Port of Echuca« wurde so gut restauriert, daß ihn immer wieder Filmteams für historische Aufnahmen nutzen. »Ein Regisseur«, so erzählte uns die Führerin durch die Anlage, »ließ sogar sein Drehbuch umschreiben, um unseren alten Hafen einbauen zu können.«

Zwei bei der Futtersuche: Während das Pferd gemächlich die Wiese abgrast, stolziert der Vogel über seinen Rücken und befreit ihn von Parasiten. So leben Vegetarier und Nichtvegetarier in trauter Eintracht.

Wirklich Wolkenkratzer: Melbournes Hochhäuser sind ein Spiegelbild des Wohlstands.

Alles dicht: Die Badesaison an der Port Phillip Bay ist noch nicht eröffnet.

Trutziges Melbourne: Wie King Arthurs Burg wirkt Queen Victorias Stadt.

Hors d'œuvre in der Straßenbahn

»Darf ich noch etwas nachschenken, Sir?« – Es geht nobel zu an Bord des Colonial Tramcar Restaurant. Der Straßenbahn-Veteran ist mit feinem viktorianischem Interieur zu einem der ungewöhnlichsten Restaurants der Welt umgebaut worden und rollt nun täglich zu Lunch und Dinner durch Melbourne. Es ist schon erstaunlich, was der Koch in seiner engen Küche zaubert: drei-, vier- oder gar fünfgängige Menüs, zu denen sehr ordentliche australische Weine ausgeschenkt werden – alles im Preis inbegriffen. Daß der sich im oberen Bereich bewegt, ist angesichts der wenigen Plätze verständlich. Und der Fahrer (den die städtischen Verkehrsbetriebe stellen) will ja auch bezahlt sein.

Die kulinarische Tram ist sozusagen das Flaggschiff einer stattlichen Flotte von Straßenbahnen, die Melbournes Innenstadt mit den wichtigsten Vororten verbindet und zum Wahrzeichen der Stadt wurde. Eine bequeme und gemütliche Bahn, die während des Tages alle paar Minuten vorbeifährt. Der Stadtkern wird sogar von einer City-Tram umrundet, die gratis benutzt werden darf.

Als alle anderen Großstädte Australiens die Straßenbahn als lahm und altmodisch abschafften (nur Adelaide behielt eine Linie), hat sich Melbourne der vermeintlichen Moderne verweigert. Es sollte nicht lange dauern, ehe dann Australier aus allen Ecken des Landes nach Melbourne reisten, um wieder einmal nostalgisch mit der Tram durch die Straßen zu schaukeln und ihren Kindern zu zeigen, was eine echte Straßenbahn ist.

Die wahre Stunde des Triumphes kam aber erst Ende der 1990er Jahre, als sich Experten aus Sydney in Melbourne nach den Vorzügen einer Straßenbahn erkundigten. Die ewige Rivalin plante tatsächlich die Wiedereinführung der Tram.

Die Melburnians sind stolz auf ihre Straßenbahnen, auch wenn die alten Wagen im normalen Straßenverkehr immer seltener werden. Die Tram sei ein gutes Wahrzeichen für die Stadt, heißt es, »stets beweglich und dennoch immer genau in der Spur«. Der seitlich offene Mittelteil wird vor allem an heißen Sommertagen sehr geschätzt. Immer wenn die Verkehrsbetriebe von Melbourne eine alte Bahn ausmustern, finden sich gleich kaufbereite Verkehrsmuseen in aller Welt. So zuckelt zum Beispiel eine einstige Tram aus Melbourne zur Freude der Touristen an der Hafenfront im amerikanischen Seattle entlang.

Die Parade der zaghaften kleinen Pinguine

Wenn die Dämmerung hereinbricht, haben die Fairy-Pinguine ihr Tagewerk in der See verrichtet. Dann wollen sie es sich nur noch bequem machen in ihren Höhlen auf Phillip Island. Wäre da nur nicht immer erst dieses Theater mit den Zuschauern. Hunderte, an Wochenenden bisweilen Tausende hocken auf den Tribünen und sehen zu, wie die zaghaften kleiner Kerle aus dem Wasser paddeln und sich am Ufer zusammenrotten, bis sie genug Mut gesammelt haben. Dann watschelt die ganze Gruppe wie in einer Paraden-Parodie zwischen den Tribünen hindurch zu den Höhlen. Wehe aber, unterwegs ereilt einen Pinguin die Panik. Wenn er sich wieder

Die putzigen Zwergpinguine nisten an mehreren Küstenabschnitten in Australiens Süden und Südosten. Dort kommt es überall in der Abenddämmerung zu den kleinen Paraden, mit denen die flugunfähigen Vögel in ihre Bruthöhlen zurückwackeln. Auf Phillip Island hat sich dieser Marsch aber seit einer Reihe von Jahren zu einem Massenspektakel entwickelt. Abends beobachten Hunderte von Touristen die Heimkehr der Fairy-Penguins, starke Scheinwerfer leuchten das Schauspiel aus. Immerhin sorgen Ranger dafür, daß die Tiere nicht noch darüber hinaus gestört werden.

in Richtung Meer wendet, wackelt die ganze Truppe nochmals eilig dem Wasser zu, um sich zu einem neuen Vorstoß zu sammeln.

Die Pinguin Parade ist eine der meistbesuchten Sehenswürdigkeiten Australiens. Phillip Island, knapp 140 Kilometer südöstlich von Melbourne gelegen, hat aber noch mehr zu bieten, unter anderem ein Koala-Schutzgebiet, auf dem Stege in Baumwipfelhöhe verlaufen, damit man die putzigen Eukalyptusfresser besser beobachten kann. Auch den Seal Rocks, der einheimischen Robben, kann man ganz nahe kommen, hier geht es allerdings abwärts: Ein Tunnel führt direkt in ein Unterwasser-Beobachtungszentrum, in dem man die flinken Schwimmkünste der Meeressäuger trockenen Fußes und Leibes verfolgen kann. Bei Ebbe geleiten auch Ranger über einen Wanderweg durch das Gebiet, aus dem sich der Ozean für ein paar Stunden zurückgezogen hat. Sie erklären dann das quirlige Leben in den kleinen Teichen, die von der Flut zurückgeblieben sind.

Bretter, die die Welt bedeuten

Immer wenn die Osterglocken läuten, herrscht Hektik am Bells Beach nahe der Great Ocean Road. Dann werden am besten Surfstrand Australiens (und das will in diesem Land wirklich was heißen) die »Classics« ausgetragen, und die Weltelite der Wellenreiter rückt an. Das ist die Zeit, zu der fast immer gewaltige Wogen auf die Südküste zurollen – wahrlich kein Revier für Anfänger.

Das nahe Seebad Torquay hat sich freudig auf die Surf-Klientel eingestellt. Surf-Kneipen, Surf-Geschäfte und sogar Surfboard-Fabriken sorgen für gute Umsätze, ein Museum namens »Surfworld« kümmert sich um den wissenschaftlichen Unterbau und ist eine zusätzlicher Anziehungspunkt. Hauptattraktion sind jedoch die herbstlichen Brecher, die beim Zurollen auf Australien Tempo und Wucht gesammelt haben. Kein Wunder, daß selbst Hollywood schon angereist ist, um für seine Filme hier packende Surfer-Aufnahmen zu drehen. Einer dieser Filme hat es bis in Europas Kinos gebracht: »Gefährliche Brandung«. Ein durchaus passender Titel.

Die Ozeanküste südwestlich von Melbourne gilt Surfern als eines der besten Reviere der Welt. Welcher Platz könnte besser sein für den Surfbrett-Handel?

151

Kunst zum Anfassen in Geelong: Die Hafenstadt unweit von Melbourne bemüht sich seit Jahren und zunehmend erfolgreich, mit der Pflege der Künste von seinem Industrie-Image wegzukommen.

In diesem kleinen Haus ist der große James Cook in England aufgewachsen. Es wurde Stein für Stein nach Australien gebracht und in den Fitzroy Gardens in Melbourne wieder zusammengesetzt.

Eine Sehenswürdigkeit für die ganze Familie: Die Twelve Apostles sind die Hauptattraktion im Port Campbell National Park an der Great Ocean Road in Victoria.

Wildwest-Romantik auf dem fünften Kontinent: Australische Stockmen treiben eine Rinderherde durch das wilde Buschland zur Verladestation.

Der Apfel fällt nicht weit vom Kontinent

Hobart – Tasmaniens Hauptstadt

»Apfelinsel« nennen die Australier ihr größtes Eiland, den Bundesstaat Tasmanien. Das bezieht sich einmal auf die Form der Insel, die in der Tat an einen Apfel erinnert. Äpfel sind aber auch eines der Hauptprodukte Tasmaniens – und das seit 1788. Damals pflanzte Captain Bligh ein Apfelbäumchen, als er auf dem Weg in die Südsee (und zur Meuterei auf seiner »Bounty«) in Tasmanien Station machte. Blighs Apfelerbe selbst ist auf Tasmanien vergessen, ganz im Gegensatz zu Mrs. Smith, die als junge Frau in ihrem Garten Apfelbaum-Schößlinge entdeckte. Sie hegte die jungen Pflänzchen und experimentierte mit Züchtungen, bis stattliche Bäume herangewachsen waren und der darüber Großmutter gewordenen Frau reiche Ernte eintrugen. Die Früchte wurden als »Granny Smith's Apples« verkauft – ein botanisches Lebenswerk, das als Granny Smith weltweit in aller Munde ist.

Der runde Turmbau des Spielcasino-Komplexes prägt noch immer die Silhouette von Hobart. Die Hauptstadt Tasmaniens wird gerühmt für ihre hohe Lebensqualität, davon zeugen auch die vielen Segelboote und Yachten im Hafen.

Bekanntlich ist der Apfel ein Symbol der Sünde – und auch das paßt ganz gut zur Insel. Hat Tasmanien Anfang der 1970er Jahre doch als erster australischer Staat ein legales Spielcasino lizenziert. Das führte damals zu heftigen und moralschweren Diskussionen auf dem ganzen Kontinent, während die Zocker der Nation das Flugzeug nach Hobart buchten. Das gute Geschäft mit dem Glück hielt allerdings nur einige Jahre, denn bald zogen die anderen Bundesstaaten nach und bauten eigene Spielcasinos.

Tasmanien und seine Hauptstadt Hobart profitierten aber auch langfristig von den Debatten um das Casino, konnte sich die Insel doch zugleich als ideale Ferienlandschaft mit einer für Australien langen Geschichte darstellen. Tasmanien wirbt vorzugsweise mit seiner natürlichen Schönheit, seinen Seen, Flüssen und Wäldern, attraktiv sind aber auch die historischen Zeugnisse, insbesondere in Hobart und seiner Umgebung.

Als Häftlinge, Soldaten und Siedler 1804 Hobart, die erste Siedlung auf der Insel, gründeten, trug diese noch den Namen Van Diemen's Land. So hatte 1642 der Niederländer Abel Janszoon Tasman seine Entdeckung genannt. Die Siedlung, aus der 1825 die zweite Kolonie in Australien wurde, hatte wahrlich keinen guten Start: Die Aborigines wurden vertrieben und sogar wie Tiere gejagt. Und die Weißen, die in Hobart an Land gingen, waren oft besonders schwere Fälle unter den Häftlingen. Bereits 1830 mußte für die Gefangenen eine eigene Häftlingsstadt in Port Arthur errichtet werden, denn Hobart machte schnell Karriere als Hafen an der Route zwischen Europa und Australien sowie als Standort für Walfänger, die im Südpolarmeer auf Beutezug gingen.

Hobart wurde fein, da paßten die Knastbrüder nicht mehr ins Bild, es sei denn als billige Arbeitskräfte. Ihnen verdankt die Stadt viele jener historischen Bauten, die heute ihren besonderen Charme ausmachen. Das Par-

Wochenmarkt auf dem Salamanca Place in Hobart: Die Anoraks und Pullover zeugen von einem frischen Tag, die appetitlichen Auslagen von frischer Ware.

liament House, das ursprünglich als Zollgebäude diente, das Theatre Royal von 1837, die älteste Bühne Australiens, und die Criminal Courts mit der Gefängniskapelle sind die bekanntesten Beispiele. Insgesamt stehen allein aus der georgianischen Epoche mehr als hundert Gebäude in Hobart unter Denkmalschutz, unter ihnen auch die schlicht-schönen, um 1830 entstandenen Sandsteinlagerhäuser am Salamanca Place, in denen Boutiquen und Kneipen eine adäquate Adresse gefunden haben. Jeweils samstags vormittags bilden sie die historische Kulisse für einen lebendigen Kunstgewerbe- und Trödelmarkt. Noch älter sind die Anglesea Barracks. »Die Kaserne stammt von 1811 und ist die älteste noch genutzte Militäreinrichtung in Australien«, sagte der freundliche Korporal, der mich durch das offen zugängliche Gelände führte. »Ist es nicht ungewöhnlich, daß jedermann so einfach durch die Kaserne stromern kann?« fragte ich. Er lachte: »Hobart ist ja ein Hort des Friedens, überdies haben wir alle wichtigen Geheimnisse gut versteckt.«

Nahe bei der Kaserne entstand auch der erste geschlossene Ortsteil von Hobart, auf einer hügeligen Halbinsel, die nach einer Batterie respektheischender, aber nie im Kampf abgefeuerter Kanonen den Namen Battery Point erhielt. Die kleinen Häuser, aber auch die stattlichen Herrenhäuser auf Battery Point haben den Eindruck einer authentischen Stadt des 19. Jahrhunderts gut erhalten, in diesem freundlichen Quartier liegen einige der schmucken viktorianischen Bed & Breakfast-Pensionen Tasmaniens, in zwei der noblen Villen fanden attraktive Museen ihre Heimstatt: das Maritime Museum mit der Seefahrergeschichte der Insel und das Van Diemen's Land Folk Museum, das älteste Heimatmuseum Australiens.

Auch das älteste Gebäude Hobarts beherbergt natürlich ein Museum: In einem Lagerhaus von 1808 wurde das Tasmanian Museum mit seiner Gemäldegalerie eingerichtet, zum Teil wenigstens, denn die vorzügliche Sammlung ist so umfangreich, daß ein moderner Anbau an die ehr-

würdigen Mauern angefügt werden mußte. Hobart, das ist Geschichte, wo man hinschaut. Und dennoch stammt das einzige Bauwerk der Insel, dessen Foto rings um die Welt ging, nur aus dem Jahr 1964. Nach fünfjähriger Bauzeit wurde damals die Tasman Bridge über den Derwent River eröffnet. Elf Jahre später machte der ästhetische Betonbogen unfreiwillig Schlagzeilen, als ein Frachtschiff einen der Pfeiler rammte und die Brücke zusammenbrach. 24 Menschen starben bei dem Unglück, das Foto mit einem an der Bruchstelle festhängenden Auto war in nahezu jeder Zeitung zu sehen. Seither sind die Brückenpfeiler gegen Kollisionen besonders gesichert.

Wo der Derwent in die buchtenreiche See mündet, schlägt das Herz der Stadt: Hobarts Hafen. Die Kais haben zwar nicht mehr dieselbe wirtschaftliche Bedeutung wie zur Zeit der Segelklipper, aber Hobart hat Nischen entdeckt, zum Beispiel als Versorgungshafen für die Antarktis. Hier legen die bulligen Schiffe an, die den Forschern im Eis ihren Nachschub liefern. Und wenn die Eremiten vom Südpol zurückkehren, streben sie meist zuerst in die Elizabeth Street, die Haupteinkaufsstraße; sie mündet geradewegs auf die Elizabeth Pier am Constitution Dock. Das historische Hafenbecken genießt einmal im Jahr landesweite Aufmerksamkeit, wenn um die Jahreswende die Rennyachten der Sydney-to-Hobart-Regatta einlaufen, die als einer der schwersten Segelwettbewerbe der Welt gilt. Dann feiert Hobart ein ausgelassenes Fest, und niemand kann sich vorstellen, daß die freundliche Stadt einmal so aussah, wie sie ein entsprungener Häftling vor mehr als hundert Jahren schilderte: »Die Metropole der Mörder, die Universität für Einbruch und alle unmenschlichen Greuel.«

Wie in den meisten australischen Städten unterhalb der Millionenmarke ist es auch in Hobart üblich, im eigenen Haus zu leben. Häuser sind in Australien allerdings auch wesentlich preiswerter als in Deutschland, Österreich oder der Schweiz. Hobart hat etwa 130 000 Bewohner und ist damit – nach Darwin – die zweitkleinste Staatshauptstadt des Landes.

Um die halbe Welt in den Knast bei Port Arthur

Zum schlechten Image von Van Diemen's Land trug vor allem Port Arthur bei, die Häftlingssiedlung, die etwa 70 Kilometer von Hobart entfernt auf leicht zu kontrollierendem Terrain entstand. Von dort gab es so gut wie kein Entkommen mehr, es ist kein Fall überliefert, in dem ein Gefangener die Sicherungen auf dem Landweg überwinden konnte. Wer heute mit dem Auto auf die historische Stätte zusteuert, wird das verstehen: Der Eaglehawk Neck, ein nur wenige hundert Meter breiter Landübergang zwischen zwei Halbinseln, wurde durch Zäune, scharfe Hunde, Soldatenstreifen und ein bis Hobart reichendes Signalsystem gesichert und hermetisch abgetrennt. Eine Flucht war nur schwimmend möglich, aber wegen der vielen Haie ringsum überaus gefährlich.

Port Arthur ist heute eine Museumsanlage, die, aller landschaftlichen Reize zum Trotz, das harte Los der Inhaftierten durchaus vorstellbar macht. Bekannt sind die drakonischen Strafen, die selbst für kleine Vergehen verhängt wurden, andererseits erfuhren kooperationsbereite Häftlinge eine recht gute Behandlung. Die Kommandanten des Gefängnisses erprobten auch einen humaneren Umgang mit Schwerkriminellen – sie

Die Kirche von Port Arthur ist die fotogenste Ruine in der einstigen Häftlingskolonie. Zu den düsteren Geschichten dieses einst gefürchteten Straflagers gehört der Bericht vom Mord beim Bau dieses Gotteshauses.

wurden statt massiven Züchtigungen einer Isolationshaft ausgesetzt; selbst am Hofrundgang durften sie nur unter schwarzen Kapuzen teilnehmen und keinen Kontakte mit anderen Menschen haben. Daß diese Maßnahme viele Gefangene in den Wahnsinn trieb, war die andere Seite dieser vermeintlich menschlicheren Bestrafung.

Die meisten Gebäude der Anlage sind heute Ruinen, etwa das Wachhaus mit dem runden Turm, in dessen Kellergeschoß die Zellen der zum Tode Verurteilten lagen, oder die hübsche Kirche, die nie eingeweiht wurde, weil bei ihrem Bau ein Häftling von einem anderen ermordet worden war. Ein Museum zeigt heute unter anderem die Fußeisen, die den Gefangenen bei der Arbeit auf den Feldern oder in Steinbrüchen angelegt wurden. Port Arthur diente noch bis 1877 als Haftanstalt, obwohl die Gefangenentransporte nach Tasmanien bereits 1853 eingestellt worden waren. Etwa 12 500 Menschen verschiffte man insgesamt um die halbe Welt von England nach Tasmanien, um sie dort einzukerkern.

Das Grauen kehrte noch einmal zurück nach Port Arthur: Im April 1996 lief dort ein junger Australier Amok und erschoß 35 Menschen. Das Restaurant, in dem die Bluttat geschah, ist kurz darauf abgerissen worden. Es gab damals Stimmen, die sich für eine Einstellung der *ghost tours* aussprachen, um deren angeblich negativen Einfluß zu unterbinden. Diese beliebten Touren bei Laternenlicht zur Dämmerung werden von einem *guide* angeführt, der schauerlich düstere Geschichten über das Zeitalter der Gefangenen erzählt. Man ließ sich aber die Touren nicht abspenstig machen, sie werden bis heute fortgesetzt.

Nur noch Mauerreste blieben von den Gebäuden in Port Arthur. Aber mit ihnen sind viele Schicksale verknüpft. Die ersten Gefangenen mußten die Steine für ihre eigenen Zellen aus den Steinbrüchen schlagen, andere ihr Gefängnis mauern. Manch einer mag sich damals gedacht haben: Warum müssen diese Stätten der Verzweiflung auch noch durch aufwendige Steinmetzarbeiten verschönert werden?

159

Der Midland Highway als Pfad der Geschichte

Viktorianische Schnörkel für die Poststation von Ross (oben).

Die Kirche in Ross, eines der geschichtsträchtigen Städtchen auf Tasmanien. Auf ihrem Friedhof fand das Kriegerdenkmal mit seiner Kanone Platz.

»Eigentlich sollten sie die Straße ›History Highway‹ nennen«, sagte der Tankwart in Oatlands, »das wäre typischer als ›Midland Highway‹ und besser für den Tourismus.« Der Mann an der Zapfsäule hatte recht, verband doch die Straße nicht nur die beiden größten Städte Tasmaniens, Hobart und Launceston, sondern auch die ältesten Siedlungen. 1805, ein Jahr nach Hobart, entstand Launceston, ein Hafen, der geschützt im langen Fjord des Tamar River und zugleich günstig lag zur vergleichsweise kurzen Überfahrt nach Melbourne. Mit dem Bau der Trasse durch die Landesmitte wurde dann wenig später begonnen, Gefangene mußten die Wildnis roden und die Straße anlegen. Entlang dieser Route wurden Garnisonen für die Wachmannschaften eingerichtet. Und weil sie ein fruchtbares Tal erschloß, ließen sich bald darauf freie Siedler hier nieder.

So entstanden geschichtsreiche Ortschaften wie Oatlands, Ross, Campbell Town, Perth und Evandale. Der Midland Highway, die meistbefahrene Überlandstraße Tasmaniens, macht inzwischen einen Bogen um die alten Ortskerne, was gleichermaßen dem Verkehrsfluß wie dem Denkmalschutz dient. Oatlands, das sich einst Hoffnung darauf machte, Hauptstadt der Midlands zu werden, birgt aus jener expansiven Zeit vor 1840 die mei-

Die Windmühle von Launceston – stand-haft gegen die starken Winde der »Roaring Forties«.

sten georgianischen Gebäude in Australien – glücklicherweise waren begabte Steinmetzen unter den Gefangenen. Davon profitierte auch das kleine Ross, dessen Bedeutung durch die Brücke über den Macquarie River gegeben war. Ross Bridge, die drittälteste Brücke Australiens, erhielt kunstvolle Steinhauerarbeiten, die beiden Gefangenen, die sie schufen, wurden zur Belohnung in die Freiheit entlassen. Campbell Town, das touristisch weniger hermacht, hat eine ähnlich alte Brücke, die Häftlinge aus eigens am Ort gebrannten Ziegelsteinen mauerten. Die alte Brücke von Perth galt hingegen als fast so schön wie jene in Ross, 1929 wurde diese allerdings von einer Flut zerstört. Evandale unterstreicht seinen 19.-Jahrhundert-Charme alljährlich im Februar mit der nationalen Meisterschaft im Hochradfahren – und natürlich rollen dann auch würdige Gentlemen im Zylinder durch die Straßen und grüßen artig die Damen in ihren Krinolinen.

Launceston kann sich als alte Stadt einer Vielzahl schmucker viktorianischer Bauten rühmen, so war es auch keine Schwierigkeit, für das Queen Victoria Museum und seine sehenswerte Sammlung kolonialer Gemälde einen adäquaten Rahmen zu finden: das Macquarie House von 1830. Die touristische Hauptattraktion der Stadt ist jedoch die Cataract Gorge, die der South Esk River in Jahrtausenden aus den Klippen gespült hat. Am Eingang der schönen Schlucht liegt die Penny Royal World, ein Mittelding zwischen einem Freiluftmuseum und einem trubeligen Themenpark, der die »gute alte Zeit« mit Wind- und Wassermühle, altem Raddampfer und historischer Tram aufleben läßt. Das paßt recht gut zu Launceston, das eine britische Autorin 1967 zu Recht als eine »overgrown English country town« skizzierte. Es ist auch immer noch so, daß die »schmalen Straßen voller Menschen« sind, vergeblich sucht man inzwischen allerdings die »Damen, die überwiegend Handschuhe tragen«.

Launceston, die zweitälteste Stadt Tasmaniens und historisch die Nummer drei in ganz Australien, pflegt das koloniale Erbe. Das Batman Pawkner Inn in der Innenstadt wirbt mit einer prächtigen viktorianischen Fassade um Gäste.

Cradle Mountain – Wiege der Goldsucher

Die kahlen Hügel von Queenstown im Inneren von Tasmanien zeugen vom einstigen Raubbau an der Natur. Die Wälder wurden abgeholzt, weil man Stützstämme für die Bergwerksschächte und Brennholz für die Verhüttung des Kupfererzes benötigte. Und das Gift aus den Schornsteinen der Kupferschmelzen gab den Pflanzen rings um den Ort den Rest. Einige der Berge wurden inzwischen zwar wieder aufgeforstet, aber viele Böden sind so stark kontaminiert, daß sich dort kein Baum oder Strauch halten kann. So bleibt Queenstown noch auf lange Zeit ein Mahnmal für den Erhalt der Umwelt.

Cradle heißt übersetzt Wiege – und an sie soll angeblich der Umriß des Cradle Mountain tief im Inneren von Tasmanien erinnern. Immer wieder stehen Wanderer vor der massigen Bergflanke und fragen sich, wer darauf kam, ihr ausgerechnet diesen Namen zu geben. Der »Cambridge Dictionary of Australian Places« kann weiterhelfen: Goldsucher gaben dem Berg diesen Namen, sie dachten dabei nicht an ein Babybett, sondern an eine Schale, mit der sie damals das wertvolle Erz aus dem Gestein wuschen.

Die Glücksritter sind längst wieder abgezogen, die Goldfunde waren zu bescheiden, um daraus ein ordentliches Geschäft zu machen. So liegt der Berg wieder einsam in einer der schönsten alpinen Landschaften Australiens, der rechte Namenspate für einen Nationalpark. Der Cradle Mountain – Lake St. Clair National Park ist der nördlichste von fünf Parks, die ineinander übergehen und bis an die südlichste Spitze Tasmaniens reichen. Mit den anderen Nationalparks – Walls of Jerusalem, Franklin-Gordon Wild Rivers, Southwest und Hartz Mountains – umfaßt das Gebiet eine Fläche, die einem Viertel der gesamten Insel nahekommt. Und dennoch ist dieses enorme Terrain nur durch eine quer hindurchführende Straße und zwei kleinere Stichstraßen erschlossen. Viele Gebiete können nur mit Wasserflugzeugen erreicht werden, die auf den ruhigeren Abschnitten der Flüsse und auf den Seen landen.

Insbesondere im Südwesten gibt es im Regenwald Regionen, die vermutlich noch nie von Weißen betreten wurden. Und der Rest des Nationalpark-Landes ist nur zu Fuß zu erreichen, auf einem nicht allzu dichten Netz von Wanderwegen. Der bekannteste ist der Overland Track vom Cradle Valley im Norden bis Derwent Bridge, einem kleinen Ort südlich des Lake St. Clair am Lyell Highway, der quer durch die Insel führt. Der Track ist rund 85 Kilometer lang und führt ausschließlich durch völlig unbesiedeltes Gebiet. Von der Hauptroute gehen verschiedene Nebenstrecken ab, die größtenteils wieder zum Track zurückführen. Über einige Pfade gelangt man auch auf Berggipfel, etwa auf den Mount Campbell, den Cradle Mountain oder den Mount Ossa, mit 1 617 Metern Tasmaniens höchster Gipfel.

Für die Benutzung der Wanderwege und Campingeinrichtungen ist eine Gebühr zu entrichten, die allerdings für zwei Monate lang auch den Eintritt in alle anderen Nationalparks auf der Insel einschließt. »Nehmt Regenumhänge mit«, hatten die Ranger im Nationalpark-Informationszentrum trotz des strahlenden Sonnenscheins und der guten Wetterprognose geraten. »Die Wettervorhersage gilt für ganz Tasmanien. Im Gebirge sieht das oft anders aus, und der Cradle Mountain ist immerhin 1 545 Meter hoch.« Und in der Tat, die Wandergruppe geriet in einige gewaltige Regenschauer.

Die Experten hatten ferner empfohlen, ein Zelt mitzunehmen. Auch das war ein guter Ratschlag, denn einige der zwölf Schutzhütten entlang dem gut ausgeschilderten Pfad waren bereits voll belegt, als die müden Wanderer eintrafen. Aber sie schwärmten von blumenübersäten Bergwiesen, von dunklen Wäldern, romantischen Moorlandschaften und dem schönen Weg entlang dem Lake St. Clair, als sie nach sechs gemütlichen und strapazenarmen Wandertagen an der Brücke über den Derwent eintrafen. Sie berichteten von fast zutraulichen Wallabies, diesen kleineren Vettern der Känguruhs, und von Vögeln in allen Farben des Regenbogens. Und sie wären sofort umgekehrt und noch einmal zurückgelaufen, wären nicht die Urlaubstage gezählt gewesen.

Zwischen Eis und heiß

Den Inselkontinent Australien säumen seinerseits zahlreiche Eilande; das größte, Tasmanien, ist wiederum im Osten und im Norden von mehreren Inseln umgeben, die selbst in Australien kaum bekannt sind, etwa Bruny Island (Bligh pflanzte hier den ersten Apfelbaum), Maria Island (ein Nationalpark), King Island (bekannt für seine Käsespezialitäten) und Flinders Island, wohin die unglücklichen letzten Aborigines Tasmaniens verbannt wurden.

Einige sind als Urlaubsreviere recht bekannt, etwa die Landflecken am Great Barrier Reef oder das einsam in der Südsee gelegene Lord Howe Island, das wegen seiner Schönheit von der UNESCO zum »Weltkulturerbe« erklärt wurde. Auch Norfolk Island ist zumindest in Australien nicht nur wegen seiner zollfreien Einkaufsmöglichkeiten bekannt: Die Insel war zunächst eine Sträflingskolonie und später der Zufluchtsort der Bewohner von Pitcairn. Die Nachfahren der »Bounty«-Meuterer mußten nach einigen Mißernten zeitweise ihr Heimateiland verlassen.

Die Palette reicht von Eis bis heiß: Heard und die McDonald Islands im Indischen Ozean liegen der Antarktis wesentlich näher als Australien, folglich bedeckt auch ein dichter Eispanzer die unbewohnten Vulkaninseln. Thursday Island wiederum befindet sich in den Tropen, in der Meerenge zwischen Australien und Papua-Neuguinea. Thursday ist das Zentrum der rund 70 Torres Strait Islands, die von Menschen besiedelt wurden, die den Aborigines ähnlich sehen, aber eine eigene Kultur haben. Auch die Christmas Island im Indischen Ozean gehört zu Australien, obwohl sie näher an Singapur als an Australien liegt, was die Insulaner gleich genutzt haben. Sie locken die spielfreudigen Asiaten zu Kurztrips in ihr Spielcasino.

Schroffe, oft völlig unzugängliche Ufer charakterisieren viele tasmanische Küstenabschnitte. Nicht zuletzt wegen dieser Lage konnten sich im kleinsten australischen Staat die mit Abstand größten Urwaldgebiete Australiens erhalten.

Die Wineglass Bay an der tasmanischen Ostküste verdankt ihren Namen der nahezu perfekten Rundung ihres Sandstrandes. die Bucht liegt auf der Freycinet Halbinsel, die wegen ihrer landschaftlichen Schönheit zum Nationalpark erklärt wurde. Die Wineglass Bay ist ein beliebtes Wandergebiet und Picknickziel. Ganz stilecht ist es natürlich, dazu einen Wein aus Tasmanien zu trinken. Selbst Australier wissen oft nicht, daß auf der kühlen Insel im Süden Wein wächst und gekeltert wird.

In Devonport auf Tasmanien läuft abends die Fähre »Spirit of Tasmania« aus. Sie nimmt Kurs auf Melbourne, an dessen Kai sie am folgenden Morgen festmachen wird. Das Schiff kommt manchem deutschen und schwedischen Besucher seltsam bekannt vor. Das hat seinen guten Grund: Die Fähre verkehrte lange Jahre zwischen Deutschland und Schweden, zwischen Travemünde und Trelleborg.

Die größtenteils unzugängliche Westküste Tasmaniens hat kaum Buchten, die für Häfen geeignet sind. Strahan bietet eine der seltenen Anlegemöglichkeiten. Und selbst bei dieser einzigen Stadt an der Küste müssen die Kapitäne ihre Schiffe durch eine nur 200 Meter breite Durchfahrt navigieren, ehe sie die Piers erreichen. Sarah Island, eine Insel in der Hafenbucht von Strahan, war einst eine der gefürchtetsten Häftlingskolonien Australiens, sie wurde erst aufgelöst, als Port Arthur an der Ostküste eröffnet wurde.

Mit dem Pfeilmuster fing es an

Die meisten Häftlingskittel aus den Tagen, da England seine Kriminellen und politischen Gefangenen nach Australien transportierte, sind längst zerschlissen. Aber von Zeichnungen weiß man noch, wie die Gefangenenkleidung aussah: Merkwürdige Pfeile auf dem hellen Leinentuch markierten die häufig bei der Feldarbeit oder beim Bau eingesetzten *convicts*. Daß sich dieses Muster als Kennzeichen der Sträflingskleidung keiner besonderen Beliebtheit erfreute, ist gewiß nicht überraschend.

Heute spielen junge australische Designer bisweilen mit den historischen Pfeilen, wenn sie ihre pfiffigen Entwürfe vorführen. Eines dieser Unternehmen hat es inzwischen schon zu internationalem Erfolg gebracht: Coogi ist mit seinen bunten und plastischen Strickwaren in Paris ebenso erhältlich wie in New York oder Tokio. Von ganz anderer Art sind zwei typisch australische Textilmarken, die ebenfalls in aller Welt erhältlich sind: Akubra und Drizabone. Akubra stellt die breitkrempigen Hüte her, die von den Stockmen, Australiens Version der Cowboys, im Outback getragen werden und die sich zunehmender Beliebtheit in den Städten erfreuen. Aus dem ländlichen Australien stammen auch die Jacken und die knöchellangen eingeölten Mäntel von Drizabone, die, wie Stockmen versichern, selbst im stärksten Regen knochentrocken bleiben. So denn auch der Name: *dry as a bone.*

The Tassie Nessie

»Im Südsommer haben wir mehr Sichtungen, weil dann natürlich auch mehr Menschen in der Wildnis unterwegs sind«, sagte der Nationalpark-Ranger in Cradle Valley. »Aber im Frühjahr und im Herbst, wenn Regen- und Nebelschwaden durch die Täler ziehen, ist die Quote auch nicht

Mit 1 617 Metern ist der Mount Ossa Tasmaniens höchster Berg, der Gipfel liegt im Cradle Mountain – Lake St. Clair National Park und kann auf einem Wanderweg bestiegen werden. Wie überall im tasmanischen Bergland ist es jedoch empfehlenswert, sich selbst im Hochsommer und trotz der geringen Höhe auf kaltes Wetter vorzubereiten.

schlecht.« Die Rede ist vom Tasmanischen Tiger, einem Beuteltier, das wie ein Hund mit Streifen aussieht und Schafe durchaus zu seiner Beute zählte, als diese in Tasmanien eingeführt wurden. Folglich wurde der Tasmanische Tiger gnadenlos gejagt, und das so erfolgreich, daß er heute höchstwahrscheinlich ausgestorben ist. Das wohl letzte Exemplar starb 1933 im Zoo von Hobart, im Tasmanian Museum ist der letzte *tiger* auf alten Filmaufnahmen zu sehen. Weil ihn aber immer wieder Wanderer in der Wildnis gesehen zu haben glauben, erinnert er viele Australier an das Monster von Loch Ness, das regelmäßig aus dem Sommerloch auftaucht. Daher der Spitzname *Tassie Nessie*.

Der kühle tasmanische Regenwald ist ein ideales Gebiet für Farne, die im Bergland vor allem entlang der Bäche besonders gut gedeihen. Sie geben dem Urwald seine exotischen Akzente. Die ständige Feuchtigkeit tut auch den Moospflanzen gut, die sich selbst auf nacktem Fels sehr erfolgreich festklammern und ausbreiten.

Der Cradle Mountain – Lake St. Clair National Park bietet die einzige Möglichkeit, das Hochland Tasmaniens zu durchwandern. Auf dem Overland Track öffnen sich immer wieder neue überraschende Ausblicke auf die Seen und Berge des Parks. Für den Wanderweg muß man mindestens eine Woche einplanen, er führt durch die Wildnis und ist nur an beiden Enden mit dem Auto zu erreichen.

So muß ein naher Verwandter, der Tasmanische Teufel, für den Raubtierruhm der Insel sorgen. Der *devil* ist zwar auch ein Raubtier, aber viel kleiner und somit keine Gefahr für die Schafe. Das kleine Beuteltier, das einst in ganz Australien heimisch war, heute aber nur noch auf Tasmanien anzutreffen ist, jagt nachts nach Mäusen, Vögeln, Krabben und anderer Beute dieser Größenordnung. Seinen Namen verdankt der Räuber im schwarzen Pelz nur der Tatsache, daß der »Teufel« mächtig knurrt, faucht und sein Gebiß bleckt, wenn er von Menschen im Unterholz aufgestöbert wird. Für Tasmanien ist der tierische Beelzebub ein geschätzter Bundesgenosse – die Insel wirbt mit dem Teufel um Touristen.

Test the West!

Perth – die westliche Cup-Stadt

Die Hauptstadt von Westaustralien, Perth, gilt als die isolierteste Millionenstadt der Welt. Im Osten ist sie durch fast endlose Wüsten vom Rest Australiens getrennt, im Westen durch den Indischen Ozean von den nächsten Nachbarn in Asien. Daß sich hier dennoch eine der größten Städte des Kontinents entwickeln konnte, liegt zum einen am fruchtbaren Hinterland, zum anderen aber auch an den gewaltigen Bodenschätzen dieses Staates. Sie sorgen für den sichtbaren Wohlstand der Stadt.

Den Westen lassen viele Australientouristen links liegen, zumindest, wenn sie den fünften Kontinent zum ersten Mal besuchen – zu weit abseits, zu lange und teure Flüge. Da aber die meisten begeistert von *down under* zurückkehren, heißt es für viele vor der nächsten Reise: Test the West! Es hat kaum einen Rückkehrer gereut, denn Western Australia ist sehr ungewöhnlich: Der Bundesstaat, der fast die Hälfte des Kontinents einnimmt, hat etwa halb soviel Bewohner wie Melbourne. Und von diesen rund eineinhalb Millionen Westaustraliern leben über zwei Drittel in der Hauptstadt Perth.

Die schnell wachsende Millionenstadt wirkt immer noch wie ein aus den Fugen geratener Kurort, in den irgendein Narr eine Reihe von Hochhäusern verpflanzt hat. Perth genießt eine tägliche Sonnenscheindauer von rund acht Stunden und lebt auch danach. Freizeit hat dort einen noch höheren Wert als in den Großstädten des Ostens – und das will wirklich etwas heißen.

Das Zentrum von Perth mißt, bei großzügiger Auslegung, im Durchmesser etwa zwei Kilometer, Hauptachsen sind die Fußgängerzonen in der Hay Street und der Murray Street. Rings um das Einkaufsgebiet herum kurven im regelmäßigen Turnus städtische Busse, die gratis benutzt werden dürfen. Insbesondere Angestellte, die in den Bürohochhäusern arbeiten, schätzen diesen Busservice, der ihnen das Shopping in der Mittags-

Western Australia ist mit Abstand der größte Bundesstaat des Inselkontinents. Nennenswerte Siedlungsgebiete gibt es aber nur im fruchtbaren und klimatisch gemäßigten Südwesten.

Wer Perth nur von Fotografien kennt, vermutet angesichts der dicht bei dicht stehenden Hochhäuser eine Art Manhattan am Indischen Ozean, eine Stadt voll Lärm, Trubel und Hektik. Aber erstaunlicherweise ist die Millionenstadt ganz anders. Sie zeigt ein eher gemächliches Tempo. Bisweilen hat man angesichts der schlendernden statt hastenden Büroangestellten ein wenig das Gefühl, in einem Seebad zu sein, auch wenn der Ozean einige Kilometer weit entfernt ist. Aber er ist doch nahe genug, um die Luft mit Salz zu würzen, und die kreischenden Möwen liefern dazu Bild und Ton. Die zuverlässige Sonne – Perth hat die meisten Sonnenstunden unter Australiens Großstädten – trägt das ihre bei zu der entspannten Stimmung. Und wenn es nachmittags zu heiß wird, streicht gewiß der »Fremantle Doctor« durch die Straßen, ein angenehm kühlender Seewind, der vom Hafenvorort Fremantle kommt. Er gilt den Bewohnern von Perth als Arznei für alle Sommermalaisen, daher der medizinische Name.

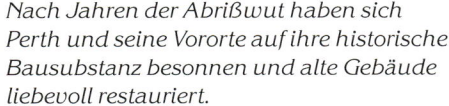

Nach Jahren der Abrißwut haben sich Perth und seine Vororte auf ihre historische Bausubstanz besonnen und alte Gebäude liebevoll restauriert.

Das zinnenbewehrte Türmchen des alten Rathauses von Perth wirkt zwischen den Hochhäusern der Banken und Bodenschatz-Konzerne wie ein niedliches historisches Zitat. Das Relikt viktoria-nischer Detailfreude ist aber auch eine Erinnerung an die Boomzeiten in den 1970er Jahren, als die Stadtväter und -mütter von Perth derlei »alten Plunder« mit Bulldozern entfernen ließen, um Platz für eine moderne neue Welt zu schaffen. Heute trauert Perth manch schönem alten Gemäuer nach.

pause erleichtert. Außerdem kann man sich gleich zum Lunch-Schwätz-chen in der Hay Street treffen. In allen australischen Städten sind Fußgän-gerzonen in der City während der Mittagspause beliebte Treffpunkte für Gespräche über Mode und Make-up bei Meat Pie und Milk Shake. Nach Büroschluß verödet die Innenstadt von Perth noch schneller als andern-orts, denn alle zieht es zum Wasser, zum Surfen auf dem nahen Indischen Ozean oder zum Segeln und Schwimmen im Swan River, der sich vor Perth zu einem See verbreitert. Der Fluß wurde bereits 1697 von William de Vla-mingh entdeckt, der Holländer war beeindruckt von den ungewöhnlichen schwarzen Schwänen. Sie sind heute das Wappentier von Western Aus-tralia.

Ganze Kolonien schwarzer Schwäne finden sich am Ufer »ihres« Flußes vor dem Kings Park, auch wenn das mehr als 400 Hektar große Gelände durch eine Autobahn vom Fluß getrennt ist. Dennoch lieben die Bürger ihren Park, der zwar unmittelbar bei der City liegt, aber doch zu einem großen Teil aus unberührtem Buschland besteht. Von der Höhe hat man einen prachtvollen Blick auf die Stadt: im Vordergrund ein Straßenknoten, der selbst Los Angeles Ehre machen würde, dahinter die Skyline, die dar-an erinnert, daß diese gepflegte und ruhige Stadt ein Zentrum des austra-lischen Bodenschatz-Booms ist.

Das hat leider auch dazu geführt, daß jahrelang die Abrißbirne das wich-tigste Instrument der Stadtplanung war. Es gibt durchaus noch Zeugnisse alter Baukultur, etwa die Deanery von 1859, das Government House von 1864, Town Hall von 1867 und His Majesty's Theatre von 1904. Aber vie-

Westaustralien hat mehr Strände als alle anderen australischen Staaten, aber insge-samt nur halb so viele Bewohner wie Sydney oder Melbourne. Wer also von ei-nem einsamen Stück Strand schwärmt, wird nicht lange suchen müssen. Ange-sichts der oft gefährlichen Ströme und der Haie vor der Küste ist es aber ratsam, an einem Strandabschnitt mit Lifesavers zu bleiben. Die Retter sind gut trainiert, immer wieder üben sie, wie sie möglichst schnell zu entkräfteten Schwimmern gelangen können.

le dieser alten Gebäude sind hoffnungslos eingekeilt zwischen modernen und selten architektonisch attraktiven Neubauten. Angesichts dessen wird die verkitschte – aber von Touristen sehr geschätzte –, im Tudor-Stil errichtete Einkaufspassage London Court schon fast zum lobenswerten Beispiel.

Wenn auch von baulich bescheidenem Reiz, so pflegt Perth doch durchaus seine Künste. Rings um die Museen in Northbridge – das Western Australian Museum, die Art Gallery und das Institute of Contemporary Art – sind zwischen Pubs und Boutiquen viele Galerien entstanden. Der Stadtteil nördlich des Bahnhofs hat sich dadurch sehr zu seinem Vorteil entwickelt, früher beherrschten eher Kaschemmen das Revier rings um das alte Gefängnis, das in das Western Australian Museum eingegliedert wurde. Aber das Kapitel »Perth und seine Museen« ist damit längst noch nicht abgeschlossen, in der Stadt und ihrem Umland gibt es mehr als ein Dutzend mehr oder minder große Sammlungen, sei es für Eisenbahnfreunde, sei es für Feuerwehrfans, ein »Museum der Kindheit« oder eine Flugzeugkollektion. Und wen es mehr zu lebendigen »Ausstellungsstücken« zieht, ist im Aquarium der Underwater World, im Cohunu Koala Park oder im Zoo an der rechten Stelle. Letzterer ist von der Innenstadt aus bequem mit einem der kleinen Fährboote über den Swan River zu erreichen.

Segeln war in Perth, wo der Swan River einen stattlichen See bildet, und in den umliegenden Küstenorten immer ein beliebtes Freizeitvergnügen. Seitdem aber ein Mitglied der lokalen Yachtclubs erstmals den America's Cup aus den USA nach Perth entführte, mußten alle Segelvereine ihre Marinas erweitern. Natürlich mangelt es auch nicht an Leihbooten, wer also den Kurs der Cup-Rennen zwischen Fremantle und Rottnest Island nachsegeln will, hat dazu alle Möglichkeiten.

Im Hinterland nordöstlich von Perth stößt man bei einer Landpartie plötzlich auf einen überraschenden Baustil: spanische Neogotik. Das ist kein Zufall, die Bauherren waren nämlich spanische Benediktinermönche. Sie legten 1846 das Kloster New Norcia an, benannt nach dem italienischen Geburtsort des Ordensgründers. Die Benediktiner veranstalten regelmäßige Führungen durch ihren Komplex, besonders stolz sind sie auf ihre Gemäldegalerie, die auch alte spanische und italienische Meister birgt.

Für längere Touren empfehlen sich die Weingüter stromaufwärts oder der stromab gelegene Hafenvorort Fremantle. Auf der Fahrt in Richtung Mündung passieren die Boote auch den Yacht Club, in dem für einige Jahre die begehrteste Trophäe aller Segler zu Hause war, der America's Cup. Als die siegreiche Yacht »Australia II« die »Kanne«, wie der Cup wegen seiner barocken Schnörkelei respektlos genannt wird, 1983 erstmals in der mehr als hundertjährigen Geschichte des America's Cup aus den USA entführte, wurde Perth zur Cup-Stadt, erstmals errang Westaustraliens Metropole internationale Schlagzeilen.

Als 1987 in den Gewässern vor Fremantle der Cup verteidigt werden mußte, polierte sich der historische Hafenort mit einigen Dollarmillionen auf. Glücklicherweise hatte die Bauspekulation in Fremantle kaum gewütet, so zeigt sich heute eine ansprechende Kleinstadt mit einer mehr als hundert Jahre alten Markthalle und einer Reihe weiterer historischer Bauten, etwa dem Lagerhaus von 1852, in dem das Maritime Museum einen sehr passenden Platz fand. In einem der Räume kann man den Restaurateuren dabei zuschauen, wie sie die »Batavia« wiederherrichten. Das Schiff war 1629 mit rund 300 Menschen an Bord bei den Houtman Abrohos Islands weiter nördlich vor Geraldton auf Grund gelaufen und gesunken. Die meisten Menschen konnten sich zwar auf eine Insel retten, erlebten dort aber eine schreckliche Zeit. Während sich der Kapitän mit einigen Seeleuten im Beiboot auf die Fahrt nach Batavia machte, kam es auf der Insel zu einer Meuterei. Als die Retter eintrafen, hatten die Aufständischen bereits rund 120 Menschen umgebracht.

Die Lagen am Swan River, am Mount Barker und am Margaret River im Südwesten sind in Übersee zwar weniger bekannt als die Weine aus South Australia, Victoria und New South Wales. Aber im eigenen Land sind die westaustralischen Weine, die teilweise noch in großen alten Holzfässern reifen, sehr populär. Wie auch in anderen australischen Anbaugebieten haben die meisten Güter ihre Probierstuben, in denen man die Weine preiswert verkosten kann. Von Perth aus gibt es sogar Bootstouren zu den Gütern, das erspart eine promillereiche eigenhändige Heimfahrt.

Kalgoorlie baute auf Gold

»Als mein Großvater hier nach Gold schürfte, war Wasser fast noch wertvoller als Gold«, sagte Jim, ein ehemaliger Minenarbeiter, der uns durch Hannan's North Tourist Mine führte. »Damals um die Jahrhundertwende machten Kaufleute ein Vermögen mit Brandy, weil das Brackwasser, das in Kalgoorlie aus der Erde gepumpt wurde, nur mit Schnaps genießbar war.« An Geld mangelte es dem Wüstennest und seinen Nachbarorten Boulder und Coolgardie nicht, die meisten Bewohner lebten prächtig von dem Gold, das hier so reichlich im Boden lag. 1892 hatte ein Reiter in der Halbwüste beim späteren Coolgardie zufällig Nuggets auf dem Boden gefunden. Das sprach sich schnell herum, und als Paddy Hannan ein Jahr darauf das Edelmetall beim heutigen Kalgoorlie entdeckte, brach ein Goldrausch aus. Tausende strömten in die wasserlose Ödnis, in der aber das reichste Riff Australiens lagerte.

Ein visionärer Ingenieur, Charles O'Connor, machte die Goldstädte aber erst überlebensfähig. Gegen alle Widerstände schuf er eine hölzerne Pipe-

Im einstigen Goldgräberland bei Kalgoorlie und Coolgardie scheint bisweilen die Zeit stehengeblieben zu sein. Postämter, General Stores – die Geschäfte für alles – und Kneipen, wie hier die Dorfkneipe in Ora Banda, sehen heute fast noch genauso aus wie im vergangenen Jahrhundert. Nicht zuletzt dieses Ambiente zieht zunehmend Touristen in diese abgelegene Region tief im Inneren von Westaustralien.

line von den Bergen bei Perth bis ins 550 Kilometer entfernte Kalgoorlie – eine Meisterleistung, deren Vollendung 1903 O'Connor aber nicht mehr erlebte. Im Jahr zuvor hatte er sich, immer noch von Anfeindungen verfolgt, das Leben genommen. »Kalgoorlie lebt noch immer von O'Connors Wasserleitung, auch wenn diese heute moderne Röhren hat«, Jim wies in Richtung des Mount Charlotte, auf dem die Pipeline noch wie einst in einem großen Kessel endet, »schade, daß Charlie dies nicht mehr erlebt hat. Er hätte es den verdammten Bastarden gezeigt.«

In Kalgoorlie spricht man immer noch die deutliche Sprache der Bartresen, daran hat auch die neue Goldader, der Tourismus, kaum etwas geändert. Im Gegenteil, viele der Besucher erwarten geradezu den ruppigen Ton, den sie mit einem Goldgräbernest verbinden. Dabei ist die Doppelstadt Kalgoorlie-Boulder längst eine moderne Gemeinde mit Schulen, Bibliotheken, Sportanlagen, Flughafen und Eisenbahnanschluß. Das Edelmetall wird nur noch in einer Mine zutage gefördert, aber rund um die Stadt arbeiten verschiedene Bergwerke, die Erze aller Art aus dem Boden holen. Aber ohne die Touristendollars wären schmucke viktorianische Kneipen

Nicht nur in Stollen tief unter der Erde, sondern auch im Tagebau werden die wertvollen Erze nördlich von Kalgoorlie abgebaut. Die gewaltigen Gruben sind schon fast wieder eine eigene Sehenswürdigkeit.

Minenanlage in Ora Banda bei Kalgoorlie.

179

Australiens Sonnenuntergänge schlagen vermutlich sogar den Ayers Rock und das Sydney Opera House, wenn es um die Zahl der Fotografien geht, die Touristen vom fünften Kontinent mit nach Hause bringen. Das liegt nicht nur an den zahlreichen Küsten, in denen sich das verabschiedende Zentralgestirn fotogen spiegelt. Auch im Landesinneren liefert der Sonnenuntergang dank der roten Felsen und Sandbänke einzigartige Motive.

wie das Exchange, das Palace oder das York Hotel in Kalgoorlie wohl längst dem Verfall preisgegeben. Sie wurden in den »goldenen Jahren« errichtet, in denen jeder Bauherr auch nach außen seine finanzielle Potenz demonstrierte. So findet man eine ganze Reihe viktorianischer oder sogar maurisch verzierter Bauten – gefragt war, womit man ordentlich Eindruck schinden konnte.

Die Renommierbauten von einst sind die Sehenswürdigkeiten von heute. In *Kal*, so die Einheimischen zu Kalgoorlie, fand eines der beiden Goldrauschmuseen zumindest teilweise Platz in der schmalsten Kneipe des Kontinents, in den »British Arms«. Im inzwischen fast menschenleeren Coolgardie (die verkaufsfördernde Bezeichnung *ghost town* ist allerdings übertrieben) verrät die »Goldfields Exhibition«, daß sogar ein späterer Präsident der USA sein Glück als Goldgräber in Australien versuchte. In Gwalia, 235 Kilometer nördlich von Kalgoorlie gelegen, hat der damals 22 Jahre alte Bergbauingenieur Herbert Hoover 1898 eine Mine als Manager geleitet. Er ging später zurück in die Staaten, kam aber 1905 noch einmal nach Australien, um in Broken Hill eine Zinkminengesellschaft zu gründen. Hoover wurde in Australien zu einem wohlhabenden Mann, 1929 wählten ihn die Amerikaner zu ihrem 31. Präsidenten.

Die größten Fische der Welt am Ningaloo Reef

Im März, im Sternzeichen der Fische, sammeln sich vor dem North West Cape einige Dutzend Walhaie. Wale sind sie eigentlich nicht, denn die bis zu 18 Meter langen Giganten sind echte Fische – die größten der Welt – und echte Haie, und dennoch paddeln Taucher furchtlos um die Meeresriesen herum. Ihre Mäuler sind zwar so groß, daß sie einen ausgewachsenen Menschen quer in ihren Schlund saugen könnten, aber als strenge Vegetarier stellen die Walhaie keine Gefahr dar. Sie kommen auch gerne nahe an die Wasseroberfläche, deshalb können selbst Schnorchler die Riesen der Gattung Rhiniodon typus recht gut beobachten.

Die winzigen Korallen des Ningaloo Reef locken die freundlichen Tiere an, wenn sie gegen Ende März in ihren bunten Kalkgehäusen »blühen«, das heißt, sie stoßen millionenfach ihre Eier und Samen aus. Das ist offensichtlich eine Delikatesse für die Walhaie, ebenso wie das Plankton, das in den folgenden Wochen gleichermaßen für ihre Fortpflanzung sorgt. Des-

Strandszenen am Cape Range National Park im Nordwesten des australischen Kontinents. Wo einst australische und amerikanische Militärs das Sagen hatten, geben heute Naturschützer den Ton an: Der größte Teil der Halbinsel gehört zu einem Nationalpark, der genau an der Uferlinie an einen Meerespark angrenzt.

In der Kimberley-Region gibt es eine Reihe von Gewässern, die auch wassersportliche Möglichkeiten bieten, seien es Flüsse und Seen, seien es die Buchten an der Küste. Da viele Kimberley-Gebiete zu Lande schwer zugänglich sind, ermöglichen es Boote bisweilen, ganz einsame Orte zu erkunden.

halb bleiben die gewaltigen Fische etwa bis Ende Mai vor dem Riff. Das rund 260 Kilometer lange Ningaloo Reef, das zweitlängste Australiens, liegt im Zentrum eines Meeres-Nationalparks, von daher ist auch die Zahl der Bootsführer, die Touristen zu den Walhaien schippern dürfen, streng begrenzt. Das macht die Touren zwar relativ teuer, schützt aber die Fische vor allzu vielen Neugierigen.

Der Ningaloo-Nationalpark reicht genau bis zur Wasserlinie des breiten Sandstrandes, der wiederum gehört schon zum Cape Range National Park, der sich etwa bis zur Mitte der gleichnamigen Halbinsel erstreckt. Die North West Cape Range, ein nicht allzu hoher Bergzug, ist quasi das Rückgrat der Halbinsel, die selbst Australien-Spezialisten oft unbekannt ist. Ein Grund dafür könnten die Kaserne und die 13 Antennenmasten an der Spitze der Halbinsel sein. Die Anlage war bis vor wenigen Jahren streng geheim: Hier gingen per Funk die Kommandos an die U-Boot-Flotte der Australier und vor allem der Amerikaner im Pazifik. Im Satelliten-Zeitalter sind die Masten – alle höher als der Eiffelturm, der höchste bringt es fast auf 400 Meter – nicht mehr so wichtig. Sie werden aber noch für weniger geheime Kommunikationszwecke genutzt, die Kaserne soll künftig zivilen Vorhaben dienen.

In Exmouth, der einzigen Stadt auf der Halbinsel, hofft man auf eine Hotel-
anlage im Militärcamp, denn inzwischen ist der touristische »Geheimtip«
North West Cape so wenig geheim wie die Sendemasten. Die bunten, von
verschiedenen Steinschichten gezeichneten Flanken der Schluchten im
Nationalpark ziehen immer mehr Wanderer an, Naturfreunde besuchen
das Riff, weil dort im Juni/Juli und im Oktober/November die Buckelwa-
le entlangziehen. Am Jahresende, zwischen November und Januar, robben nachts die Seeschildkröten unweit des Leuchtturms an der Landspitze an den Strand, um dort ihre Eier abzulegen – ein Schauspiel, das eine
ständig wachsende Besucherzahl anzieht.

Kein Wunder, daß Exmouth seine Zukunft im Ökotourismus sieht. Dazu
passend hat der Nationalpark sein Informationszentrum am Strand der
Westküste nur aus natürlichen Baustoffen, vornehmlich aus Holz und
Lehm, errichtet. Das dürfte aber kaum der Grund dafür sein, daß fast immer ein paar Wallabies und Pelikane an der Terrasse herumlungern – sie
hoffen auf Leckerbissen von den Touristen, auch wenn die Ranger mah-
nen: »Bitte nicht füttern!« Wer das Zentrum mit dem Auto erreichen will,
muß einige Kilometer ungeteerte, aber gut zu befahrene Straße in Kauf
nehmen – wer jedoch ein weiter südlich gelegenes Ziel ansteuert, sollte
besser einen Geländewagen haben, denn sonst sitzt er mit Sicherheit bald
fest im feinen Sand.

*Ebbe und Flut bilden an der westaustrali-
schen Nordküste ungewöhnliche Land-
schaftsbilder, ständig verändert durch die
Kraft der Gezeiten. Ein eindrucksvolles
Beispiel sind die Horizontal Falls an der
Talbot Bay nördlich von Derby.*

Wie zernagt wirken manche Felsformationen in der Kimberley-Region in der nördlichen Ecke von Westaustralien. Das Gebiet leidet unter extremen Witterungsunterschieden, in der Regenzeit sind weite Gebiete überhaupt nicht passierbar. Die beste Jahreszeit für einen Besuch sind die Wochen zwischen April und Oktober. Später im Jahr regnet es nicht nur zu stark, es fallen dann auch heftige tropische Wirbelstürme über das Land her.

Die wie Tiger gestreiften Bungle Bungles (oben) enstanden vor rund 350 Millionen Jahren aus verschiedenfarbigen Erdschichten, im Laufe der Jahrtausende haben sich die Hügel fast halbrund abgeschliffen. Purnululu nennen die australischen Ureinwohner den Felsen der Bungle Bungles. Diesen Namen trägt inzwischen auch der Nationalpark, dessen Reiz sich besonders aus der Luft erschließt. Rundflüge kann man in Halls Creek und in Kununurra buchen, beim Rundflug ab Kununurra geht es auch über den Lake Argyle, Australiens größtem Stausee, und über die Diamantenmine am Seeufer, in der die raren rosafarbenen Steine gefunden werden.

Die Erde selbst schafft sich ihre großartigsten Skulpturen, sei es ein Tafelberg mitten in der See (rechts), seien es ungewöhnliche Berge, wie die Bungle Bungles südwestlich von Kununurra (oben) oder seien es »mudflats« an der westaustralischen Nordküste bei Derby, wo bei Ebbe die ablaufenden Ströme tiefe Muster in den Sand zeichnen (links und folgende Doppelseite).

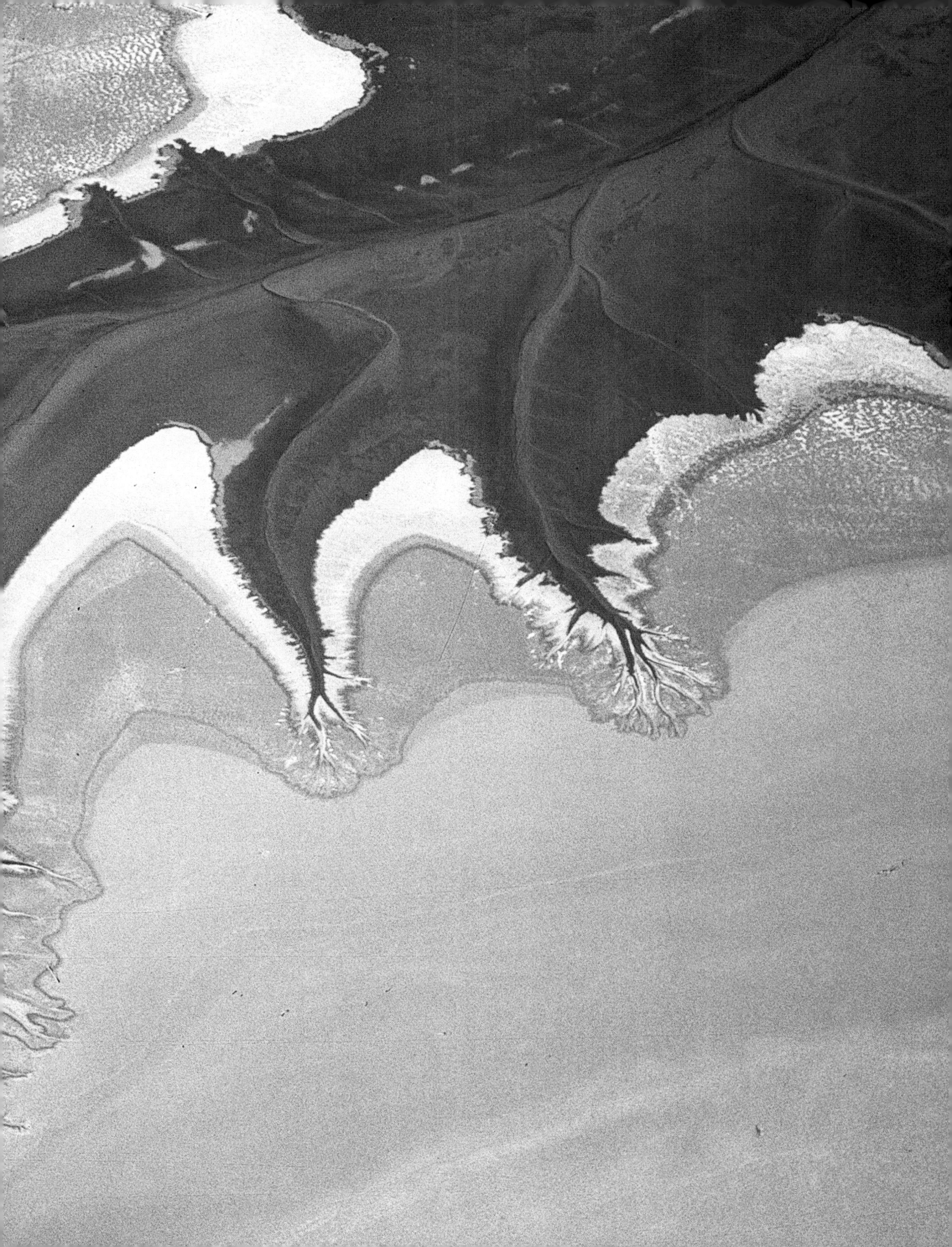

Broome erlebt zwar seit einigen Jahren einen Boom als tropischer Touristenort, hat sich aber dennoch den Charme eines alten Perlensucher-Nestes erhalten. Erst gegen Ende des 19. Jahrhunderts entdeckten Europäer Roebuck Bay. Die Muscheln mit den prächtigen Perlmuttschalen waren damals ebenso gut verkäuflich wie die selteneren Perlen in den Muscheln. Die Aborigines an der Bucht hatten schon Jahrtausende zuvor die schimmernden Schalen als Tauschwaren für die Waren anderer Clans genutzt.

Dino was here – nicht weit von Broome

»Der Bursche muß ganz schön feist gewesen sein, wenn er solch einen Eindruck in einem Stein hinterläßt«, kalkuliert ein Knirps, der voller Eifer die Fußabdrücke eines Dinosauriers auf dem Felsen am Cable Beach, dem Strand von Broome, untersucht. Es stört den Junior nicht, daß die Pranken im Fels des Gantheaume Point nur eine Nachbildung sind – die echten Dino-Stapfen liegen einige Meter vor der Klippe im Meer, sie sind nur bei extremer Ebbe zugänglich. »Wie alt sind die Spuren?« will der Zweit- oder Drittkläßler von seinem Papa wissen. Der schlägt seinen Reiseführer auf: »Rund 120 Millionen Jahre ist das her.« – »Und was war das für ein Dino?« Daddy blätterte: »Hier heißt es nur, es war eine fleischfressende Gattung, mehr weiß ich auch nicht.« Der Wissensdurst des Sprößlings ist noch nicht zufriedengestellt: »Meinst Du, der Dino ist gesprungen, damit er so tief in den Stein reinkam?« – »Ich glaube eher, als damals der Dinosaurier hier entlanglief, war das noch eine weichere Erde, die erst später versteinerte.«

Auch wenn Dinos Visite bereits eine Weile zurückliegt, rühmt sich Broome gerne der Tatsache, daß es schon immer ein beliebtes Ferienziel gewesen ist – und das nicht nur für große Tiere. Allerdings hatte die nach dem damaligen Gouverneur benannte Ortschaft bei ihrer Gründung um 1870 herum mit Touristen nichts im Sinn, auch wenn damals schon die ersten Schafzüchter und Perlenhändler von den palmengesäumten Stränden und dem türkisfarbenen Meer an der tropischen Nordküste schwärmten. Die Schafhirten traten bald den Rückzug an, weil sich die Aborigines mit allen Mitteln gegen die Einzäunung ihrer Wasserstellen wehrten.

Aber die Perlentaucher machten Broome reich, ein feiner Ort wurde es damit allerdings nicht, denn das große Geld strichen die »Perlenbarone« ein. Die Hunderte von Perlentauchern und die Verarbeiter der Perlenschalen mußten sich mit eher knappen Löhnen bescheiden. Wichtiger als die ver-

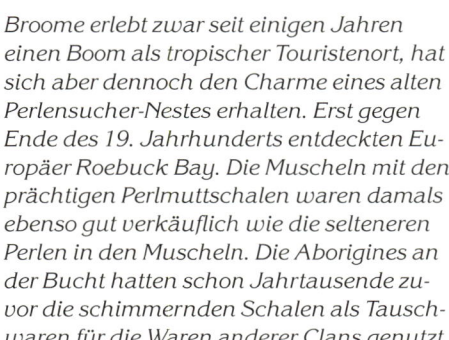

einzelt gefundenen Schmuckperlen waren die Schalen, die die Taucher aus der Tiefe holten, denn Perlmutt war damals weltweit gefragt, vor allem für die Knopfherstellung. Um die Wende zum 20. Jahrhundert lagen mehr als 400 Lugger in Broome vor Anker, die zu dieser Zeit rund 80 Prozent des Weltbedarfs an Perlmutt deckten. Mit dem Vordringen der Plastikknöpfe ging dieses blendende Geschäft allmählich dahin. Heute hat Broome nur noch etwa ein Dutzend Lugger, die bei Ebbe meist fotogen an der mangrovenumwucherten Pier liegen. »Die verdienen mehr mit Touristen-rundfahrten als mit der Perlensuche. Und das Perlengeschäft läuft jetzt über die Zuchtfarm außerhalb der Stadt«, erklärte die Dame im Touristik-Infor-mationsbüro.

Broome, das freundlich-entspannte Tropenstädtchen, präsentiert seine Perlenhistorie heute auf vielfältige Weise: Auf dem Japanischen Friedhof wurden die Gräber der japanischen Taucher restauriert, sie und andere Asia-ten übernahmen meist den gefährlichen Job auf See. Bei einem der in Broome häufigen Wirbelstürmen kamen mehr als 150 Japaner in der Timor-See um. Auch im Museum der Broome Historical Society spielt die Perlen-wirtschaft eine zentrale Rolle. Schließlich erinnern drei Herren aus Bronze am Eingang der Chinatown an Japaner, die einst das Perlengeschäft führ-ten. Chinatown besteht genaugenommen nur aus einer Straße, in der immer noch chinesische Händler ihrem Tagewerk nachgehen, viele verkaufen in-zwischen statt Tauen und Segeltuchen japanische Zuchtperlen an Touristen.

Chinatown wird aber auch die ganze Altstadt von Broome genannt – das Juwel dieses Viertels ist das Kino »Sun Pictures«. Das älteste noch täglich geöffnete »Gartenkino« der Welt hat seine Leinwand und den größten Teil der »Sitze« – es sind bequeme alte Liegestühle – unter freiem Himmel. Nur der Projektor und einige wenige Sitzreihen sind im hinteren Teil des Kin-topps überdacht. Es ist schon ein besonderes Erlebnis, die Stars von Hol-lywood unter den Sternen Australiens zu sehen.

Western Australia ist, geologisch gesehen, eines der interessantesten Gebiete des Kontinents. Hier finden sich Gesteinsschichten, die zu den ältesten der Welt gehören und sich vor über 2500 Millionen Jahren bildeten. Andere Regionen wie die Steilküste an der Great Australian Bight (links oben) sind »nur« einige hundert Millionen Jahre alt. Nicht nur für Touristen – auch für Wissenschaftler sind die zahlreichen Höhlen an der Küste und im Land sehr interessant. Nach langer Arbeit hat die Natur am südwestlichen Zipfel Australiens Formen geschaffen, die sich sehen lassen können: die Höhle bei Esperance mit dem schönen Ausblick aufs Meer (linke Seite, unten), die Tropfsteinhöhle am Margaret River (links) und etwas weiter nördlich die Höhle bei Eagle Bay am Cape Naturaliste (oben).

Die ehemalige Telegraphenstation bei Eucla an der Great Australian Bight verschwindet allmählich unter den Wanderdünen. Hier wurden einst die Morsetelegramme von den südaustralischen Postlern per Hand an die westaustralischen Kollegen weitergereicht. Diese hämmerten dann die Meldungen wieder in ihr Morsenetz. In umgekehrter Richtung ging es genauso umständlich zu.

Der Name ist passend, denn der Wave Rock (rechts) sieht wirklich aus wie eine plötzlich versteinerte Welle. Der ungewöhnliche Felsen liegt in einem Wald bei der kleinen Ortschaft Hyden, die etwa fünf Stunden Fahrzeit von Perth entfernt ist. Auf Fotografien wirkt der rund 15 Meter hohe und 100 Meter langgestreckte Felsen meist größer als in Wirklichkeit, aber ein einzigartiger Anblick ist er dennoch. Die vielfarbigen Streifen im Gestein stammen von verschiedenen Mineralien, die mit dem Regenwasser vom Wellenkamm hinabrinnen. Von unten sieht man nicht, daß der Fels eine kleine Mauer trägt, die das Regenwasser sammelt und in Tanks ableitet.

Von Küste zu Küste mit dem »Indian Pacific«

Wie in Zeitlupe rollt das silberschimmernde Aluminiumband des »Indian Pacific« in Perth an. Australiens berühmtester Zug macht sich auf seine 4 350 Kilometer lange Strecke vom Indischen Ozean bis nach Sydney am Pazifik. Rund 65 Stunden ist der Zug unterwegs, meistens zieht die massige Diesellok ihre Waggons durch Steppe und Wüste, nur scheinbar eine eintönige Sache, denn vor den Fenstern gibt es immer wieder etwas zu beobachten, etwa Känguruhs, die davonspringen, Emus, die gemächlich durch das trockene Land traben, oder Adler, die in der heißen Luft fast reglos kreisen, um dann plötzlich auf ihre Beute hinabzustoßen. Ein Teil dieser Strecke steht in allen Rekordlisten: Die längste Gleisgerade führt über 478 Kilometer durch die Nullarbor-Wüste, die ihrem Namen (lateinisch: ohne Baum) alle Ehre macht. Auf dem Kalkboden, in dem jeder der seltenen Regentropfen sofort versickert, kann sich bestenfalls hier und da ein niedriger Strauch festkrallen.

Die Küste Westaustraliens mißt ingesamt mehr als 12 500 Kilometer. Kein Wunder, daß der größte Bundesstaat auch die größte Vielfalt an Küstenformen zu bieten hat. Die bei weitem meisten Uferabschnitte sind zwar von großer landschaftlicher Schönheit ...

Der Zug führt zwei Restaurantwagen mit sich. Während die Landschaft an den Fenstern vorbeizieht, tafeln die Passagiere der ersten Klasse mehrgängig auf Leinen, im Buffetwagen der zweiten Klasse geht es etwas schlichter zu. Für beide Klassen rollt auch jeweils ein Salonwagen einschließlich einer Bar mit. Die Schlafsessel sind vor allem bei Rucksackreisenden begehrt, für einige stattliche Dollars mehr erhält man sein privates Schlafabteil.

Der »Indian Pacific« hält nur hin und wieder auf seiner transkontinentalen Reise, Kalgoorlie, Adelaide und Broken Hill gehören zu den Haltepunkten. Aber auch mitten in der Steppe muß der Zug einmal stoppen, um Treibstoff nachzutanken. Cook heißt das winzige Nest an den Gleisen in der Mitte von Nichts. Für die paar Einwohner des Dorfes, meist Bahnbedienstete und ihre Familien, bietet der Stopp die Chance, auf eine etwas ungewöhnliche Weise ein paar Spenden für die örtliche Krankenstation zu schnorren: »Unterstützt unser Krankenhaus«, heißt es mit übergroßen Lettern, »werdet hier krank!«

... aber für jemanden, der Reichtümer oder zumindest fruchtbares Land sucht, sind solche Küsten weniger einladend. Hier gingen mit den Niederländern Anfang des 17. Jahrhunderts vermutlich die ersten Europäer an Land, nannten es Neu-Holland und wandten sich von dieser unwirtlichen Entdeckung enttäuscht wieder ab.

199

Australien in seinen Höhen und Tiefen

Gewiß, die Amerikaner waren etwas schneller. Sie richteten 1872 in Yellowstone den ersten Nationalpark der Welt ein. Aber schon 1879 folgten die Australier dem guten Beispiel: Der Royal National Park bei Port Hacking südlich von Sydney war der zweite Park. Seither waren die Aussies fleißig: Das Land hat 475 Nationalparks, weitere Gebiete sind als künftige Parks vorgesehen. Die Zahl 500 wird sicherlich bald erreicht.

*Große Teile Australiens sind zwar unwirt-
lich, aber dennoch von eindrucksvoller
Schönheit. Kein Wunder, daß der Kontinent
so reich ist an Nationalparks.*

Die Nationalparks zeigen Australien auch in seinen Extremen. Der höchste Gipfel, der Mount Kosciuszko, wird ebenso von Rangern geschützt wie die Tiefen beim Great Barrier Reef oder beim zweitgrößten Korallenriff des Landes, dem Ningaloo Reef in Western Australia. Das Gebiet mit den höchsten Niederschlägen, der 1 591 Meter hohe Bellenden-Ker-Gipfel in Queensland, ist von einem Nationalpark umgeben. Dasselbe gilt für den vielleicht trockensten Bereich im Land, den Lake Eyre in South Australia. Der etwa 5 800 Quadratkilometer große See hat fast nie Wasser und ist von einer soliden Salzkruste überzogen.

Manche Parks liegen weitab von menschlichen Siedlungen, etwa der Simpson Desert National Park im Grenzgebiet von South Australia, Northern Territory und Queensland – eine echte Wüstenregion. Aber auch in unmittelbarer Nähe aller australischen Millionenstädte, in Sydney sogar mittendrin, wurden Gebiete unter Schutz gestellt.

Whirly Willie und Konsorten

Cyclone nennen die Australier, was in anderen Weltgegenden als Hurrican oder Taifun firmiert – tropische Wirbelstürme, die verheerende Zerstörungskräfte entfalten können. Der Norden Australiens ist immer wieder Ziel solcher Stürme, die im Sommer (November bis März) von Norden her auf Australien zuwirbeln und sich über der See mit Feuchtigkeit aufladen. Deshalb gehen mit den Wirbelstürmen auch immer heftige Wolkenbrüche einher, die zusätzlich zu den Schäden beitragen.

Im Landesinneren haben *cyclones* trockene Vettern, die nicht minder unerfreulichen Sand-Wirbelstürme. Sie sind zwar in der Regel nicht ganz so zerstörerisch wie die im Norden. Aber wenn sie auf einen zurasen, gibt es nur eins: Volle Deckung suchen. Die Stürme können einem sonst die Haut regelrecht abschmirgeln. Nicht selten sind kleinere Landwirbelstürme, etwa zwei oder drei Meter hohe dunkle Luftsäulen, die über die Ebenen toben. *Whirly Willie* nennen die Australier diese unberechenbaren windigen Gesellen.

Sonnenuntergang mit Wolken – ein gutes oder ein weniger gutes Zeichen für das Wetter des nächsten Tages? In Western Australia kann man fast immer mit gutem Wetter rechnen, egal, wie sich der Vorabendhimmel präsentiert hat.

Selten verirren sich einmal Fremde an die Spitze von Cape Leveque, eine Halbinsel zwischen den Städten Broome und Derby, die nur von wenigen Aborigines bewohnt wird.

Landung kurz vor Sonnenuntergang. Angesichts der enormen Entfernungen in Australien lernen selbst eingefleischte Autofahrer die Vorzüge des dichten australischen Inlandflugnetzes schätzen, sei es in Jets für die großen Strecken, sei es in kleinen Lufthüpfern, mit denen man nahezu jeden bewohnten Fleck im Land erreicht.

Während Broome dank seiner Touristen aufblüht, hat das strandlose und weniger attraktive Derby kaum Anteil am Kimberley-Tourismus, es hat wirtschaftliche Probleme. Die verrottende Hafenanlage von Derby ist ein Zeichen verbleichender Hoffnungen.

203

Australien auf einen Blick

Weidende Rinder auf den Anhöhen bei Inverell im Binnenland von New South Wales, das durch die Great Dividing Range von der Ostküste getrennt wird. Die Landwirtschaft ist ein wichtiger Wirtschaftszweig in Australien. Neben der Schafzucht mit ihrem Haupterzeugnis Schurwolle nimmt die Rinderhaltung einen großen Bereich ein. Handelspartner für landwirtschaftliche Erzeugnisse sind vor allem die USA, die Europäische Union und zunehmend der asiatische Markt.

Australien ist ein Inselkontinent auf der südlichen Hemisphäre zwischen dem Indischen Ozean im Westen und dem Pazifik im Osten. Das Land hat eine Fläche von gut 7,68 Millionen Quadratkilometern und ist damit der sechstgrößte Staat der Erde. Die Fläche entspricht in etwa der der USA ohne Alaska, Deutschland ließe sich mehr als 21 mal auf der Fläche Australiens unterbringen.

Der fünfte Kontinent hat eine Küstenlänge von nahezu 47 000 Kilometern, die Ausdehnung in Ost-West-Richtung beträgt etwa 4 000 Kilometer, in Nord-Süd-Richtung rund 3 200 Kilometer. Die nächsten Nachbarn sind Papua-Neuguinea im Norden und Neuseeland im Osten. Das Land ist politisch in sieben Bundesstaaten aufgeteilt: Western Australia (Hauptstadt Perth), Northern Territory (Darwin), Queensland (Brisbane), New South Wales (Sydney), Victoria (Melbourne), Tasmania (Hobart) und South Australia (Adelaide). Die Bundeshauptstadt Canberra liegt in einem selbstregierten Distrikt, dem Australian Capital Territory, abgekürzt ACT. Eine Reihe kleinerer Inseln im Indischen Ozean, Pazifik und Südpolarmeer gehören als bundesverwaltete Territorien zu Australien, das Land erhebt auch Anspruch auf einen Sektor der Antarktis.

Australien ist – nach der Antarktis – der trockenste Kontinent, es ist auch der flachste aller Erdteile. Die höchsten Berge befinden sich in der Great Dividing Range, einem Gebirge, das sich an der gesamten Ostküste Australiens entlangzieht. Die höchste Erhebung ist der Mount Kosciuszko mit 2 228 Metern. Eine wesentlich niedrigere Gebirgskette befindet sich auch an der Westküste, im Landesinneren gibt es nur vereinzelte Bergzüge, die bekanntesten sind die MacDonnell Ranges bei Alice Springs

und die Grampians im westlichen Victoria. Typisch für das Landesinnere sind unvermittelt aus der Ebene ragende Felsen wie der Ayers Rock, es sind Bergspitzen eines ansonsten versandeten Gebirges.

Der größte Teil Australiens besteht aus trockener Steppe und dürrem Buschland, dem sogenannten Outback. Der Norden des Kontinents ist durch tropisch-feuchte Regenwälder gekennzeichnet. Die für Besiedlungen günstigste Landschaftszone erstreckt sich zwischen Brisbane an der Ostküste und Adelaide an der Südküste, in diesem Gebiet, in dem auch Sydney und Canberra liegen, leben rund 85 Prozent aller Australier. Einen weiteren Bevölkerungsschwerpunkt bildet Perth mit gut einer Million Bewohnern. Der Rest des Landes ist extrem dünn besiedelt.

Da sich Australien nach der urgeschichtlichen Trennung von anderen Erdteilen in völliger Isolation weiterentwickelte, gibt es zahlreiche Tiere und Pflanzen, die auf den sonstigen Kontinenten nicht vorkommen. Bekannt sind die großen Salzwasser-Krokodile, die man nur noch in Papua-Neuguinea trifft, die Känguruhs mit ihren zahllosen kleineren Verwandten, die Koalas und die Emus. Weniger bekannt sind im Ausland hingegen Schnabeltier und Schnabel-

igel, die einzigen eierlegenden Säugetiere der Welt. Die Pflanzensymbole des Landes sind Eukalyptus- und Akazienbäume, Gum Trees und Wattle Trees. Sie wachsen in Australien in Dutzenden unterschiedlichen Arten, das dunkle Grün der Eukalyptusblätter und das leuchtende Gelb der Akazienblüten sind die offiziellen Landesfarben, deshalb treten Australiens Sportler in diesen Farben an.

Weite Teile Australiens bieten aber auf sandigen oder kalkig-kargen Böden den Bäumen wenig Halt und sind dort entsprechend selten. Im Outback wachsen oft nur noch Büsche und kleinere Pflanzen. Dennoch liefern viele von ihnen den Aborigines nahrhaften *bush tucker*, eßbare Gewächse aller Art, die sich wegen ihres gesundheitlichen Werts in letzter Zeit auch zunehmender Beliebtheit bei den weißen Australiern erfreuen.

Die früher wenig beachtete Kultur der Ureinwohner hat im Tourismus eine wachsende Bedeutung gefunden, denn vor allem Besucher aus Europa interessieren sich sehr für die Lebensweise und die Kunst der Aborigines. Insgesamt ist der Tourismus einer der besonders stark wachsenden Wirtschaftszweige, der auch in relativ entlegenen Gebieten Arbeitsplätze schafft. Die bedeutendsten Wirtschafts-

Das Schwemmland bei Wyndham in der nördlichen Kimberley-Region (oben) ist ein schönes Beispiel dafür, wie von der Natur interessante Muster in Australiens Erde gezeichnet werden. Dieses Naturdesign inspiriert seit Jahrtausenden die Aborigines zu ihrer Kunst. Besonders deutlich wird dies im Zentrum des Landes, wo die Ureinwohner noch heute ihre rituellen Kunstwerke direkt in das Erdreich einritzen. Daraus hat sich ein – heute auch auf Karton, Leinwand und andere Unterlagen gemalter – eigenwilliger Stil aus Punkten, Linien und Schraffuren entwickelt. Jeder Punkt und jede Linie symbolisiert dabei meist einen bestimmten Aspekt der Natur.

Mal ziehen sie sich 140 Kilometer lineal-gerade durch die Einsamkeit ...

zweige sind Industrie, Bergbau und Landwirtschaft, die größten Devisenbringer sind Bodenschätze, vor allem Kohle und Eisenerz, und Ausfuhrwaren wie Wolle, Lammfleisch und Getreide.

Immer wichtiger werden heutzutage Dienstleistungen, neben dem Tourismus betrifft dies vor allem den Bildungssektor: Eine ständig wachsende Zahl junger Leute aus Südostasien und Ozeanien studiert an australischen Universitäten, oft mit Stipendien ihrer Heimatländer. Dieses Geschäft ist nicht nur einträglich, es verbessert auch die politischen Kontakte zu den asiatischen Ländern, die Australien noch bis in die 1970er Jahre hinein weitgehend ignorierten. Zu den erfolgreichen Dienstleistungen gehört auch das Engagement der Universitätskliniken und anderer medizinischer Einrichtungen.

An- und Einreise

Zur Einreise in Australien ist neben einem Reisepaß (er muß zumindest für die geplante Aufenthaltsdauer gültig sein) ein Visum notwendig. Es wird für Touristen gratis ausgestellt, ist in der Regel ein Jahr gültig und gestattet einen Aufenthalt von maximal drei Monaten. Viele Fluglinien und Reisebüros besorgen das Touristenvisum beim Ticketkauf auf elektronischem Weg, ansonsten ist es auch im Internet beantragbar. Für spezielle Auskünfte wendet man sich am besten an die Visa-Abteilung der diplomatischen Vertretungen.
In Deutschland: **Australische Botschaft**
Wallstr. 76–79, D-10179 Berlin
✆ (030) 88 00 88-0
www.australian-embassy.de

In Österreich: **Australische Botschaft**
Mattiellistr. 2–4, A-1040 Wien
✆ (01) 506 74
www.australian-embassy.at.
In der Schweiz: **Australisches Konsulat**
Chemin des Fins 2, Case postale 172
CH-1211 Genf 19
✆ (022) 799 91 00, www.australia.ch

Zur Anreise mit dem Flugzeug benötigt man je nach Route 21 bis 25 Stunden mit einer Zwischenlandung. Die Entfernung via Amerika ist etwas größer als die Route über Asien, beide lassen sich vergleichsweise preiswert zu einem Flug um die Welt verbinden. Sowohl in Asien als auch in Ozeanien und Amerika kann man attraktive Zwischenstopps einlegen, oft gibt es dafür bei den Fluggesellschaften günstige Pauschalangebote.

Da Australien als Agrarland Tier- und Pflanzenseuchen außerordentlich fürchtet, ist es strikt verboten, Lebensmittel und andere landwirtschaftliche Produkte einzuführen. Entsprechend trainierte Schnüffelhunde kontrollieren das bei häufigen Stichproben auf den Flughäfen, wer dabei erwischt wird, muß mit einer ziemlich hohen Strafe rechnen. Noch höhere Strafen stehen auf der heimlichen Einfuhr von Rauschgiften und Waffen.

Auskunft

Touristenbüros

Australian Tourist Commission
Neue Mainzer Str. 22, D-60311 Frankfurt
✆ (069) 27 40 06 -0, (069) 95 09 61 73
(für Prospektbestellung)
Fax (069) 27 40 06 40, www.australia.com

Northern Territory Tourist Commission
Bockenheimer Landstr. 45
D-60325 Frankfurt
℡ (069) 71 91 44-0, Fax 71 91 44-22
www.nttc.com.au

Western Australian Tourism Commission
Franziskanerstr. 15, D-81669 München
℡ (089) 44 11 95 80, Fax 44 11 95 82
www.westernaustralia.net

Tourism Victoria
Tilsiter Str. 12, D-64354 Reinheim
℡ (061 62) 855 50, Fax 855 59
www.tourismvictoria.com

South Australian Tourism Commission
c/o The Mangum Group
Sonnenstr. 9, D-80331 München
℡ (089) 23 66 21 37, Fax 23 66 21 99
www.visit-southaustralia.com

Queensland Tourist & Travel Corporation
vgl. South Australian Tourism Commission
℡ (089) 23 17 71 77, Fax 260 35 30
www.queensland.de

Tourism New South Wales
vgl. South Australia Tourism Commission
℡ (089) 23 66 21 28, Fax 23 66 21 90
www.visitnsw.com.au

Automiete/Autofahren

Alle gängigen internationalen Leihwagenfirmen sind auch in Australien vertreten, z. B. auf den internationalen Flughäfen. Die Mietpreise liegen in der Regel etwas höher als in Deutschland. Regionale Vermieter haben oft günstigere Preise, normalerweise gibt es keine Kilometerbegrenzung. Die Wagen müssen aber am Mietort zurückgegeben werden, eine Rückgabe an einem anderen Ort erhöht meistens die Mietkosten.

Einige Autovermieter bieten auch Wohnmobile oder geländegängige Fahrzeuge mit Allradantrieb an, die in der Miete teurer sind. Die meisten Vermieter untersagen das Fahren abseits geteerter Straßen, wenn man keinen Geländewagen fährt. Wer sich nicht an diesen Vertrag hält, verliert den Versicherungsschutz. Das gilt gleichermaßen für *tracks*, wie die Wildnispisten genannt werden, wie für *dirt roads*, unbefestigte Straßen, die aber regelmäßig mit Maschinen eingeebnet werden. Asphaltierte Straßen heißen *sealed roads* oder *bitumen roads*.

Die Mieter müssen mindestens 21 Jahre alt sein und einen gültigen nationalen Führerschein vorlegen, der die Übersetzung »driving licence« enthalten muß. Ist das, wie bei alten Führerscheinen, nicht der Fall, muß zusätzlich der internationale vorgelegt werden. Wenn eine zweite Person ebenfalls fahren soll, muß sie bei der Anmietung in die Unterlagen eingetragen werden.

In Ortschaften liegt die Höchstgeschwindigkeit in der Regel bei 60 km/h und auf Landstraßen bei 100 oder 110 km/h; Radarkontrollen sind häufig, auch aus entgegenkommenden Polizeiwagen. Im Northern Territory gibt es außerhalb der Städte, sofern nicht anders angezeigt, kein Tempolimit. Die Alkohol-Höchstgrenze liegt bei 0,5 Promille. Auch dies wird, vor allem in städtischen Gebieten und im Outback am Wochenende, nachdrücklich kontrolliert.

... mal winden sie sich durch die Landschaft wie die von den Aborigines verehrte große Regenbogenschlange – fast immer aber sind Australiens Überlandstraßen in gutem Zustand. Das gilt zumindest für die asphaltierten Routen. Bei den hin und wieder glattgewalzten Tracks ohne Pflaster ist aber oft die ganze Kraft eines Geländewagens gefordert.

Die Preise für Benzin und Diesel unterscheiden sich in den verschiedenen Regionen Australiens erheblich, im Outback machen sich so die höheren Transportkosten bemerkbar. In den großen Städten sind Treibstoffe meist etwas preiswerter als in Deutschland. Die Tankstellen messen in Liter, alle Entfernungen werden in Kilometern angegeben.

Australiens britisches Erbe zeigt sich im Straßenverkehr: Es wird links gefahren. Ansonsten gelten weitgehend dieselben Verkehrsvorschriften wie in Mitteleuropa. Allzuviel Rücksichtnahme seitens der australischen Autofahrer sollte man nicht erwarten, sie sind aber auch nicht ruppiger als deutsche Verkehrsteilnehmer. Allerdings wird man im Gegensatz zu unseren Breiten selten beschimpft.

Essen und Trinken

Die zwei Jahrhunderte lang prägende englische Küche mit all ihren Schrecken hat nur noch in entfernten Outback-Nestern überlebt. In den Städten kann man inzwischen dank innovativer junger Köche und vorzüglicher Naturprodukte sehr gut speisen, auch in Restaurants mittlerer und unterer Preisklasse. Wo noch das alte Küchenregime herrscht, ist die Flucht in die fast immer gut genießbaren *fish'n' chips* zu empfehlen. Traditionelle Gerichte sind die *roasts*, Rinder- oder Lammbraten, die jetzt auch rosa gebraten werden. Die früher meist zerkochten Gemüse sind nun knackig, und Salate werden auch nicht mehr ohne Dressing serviert. Das gesunde Känguruhfleisch findet allmählich seinen Weg auf australische Teller. Zu den Standardzutaten fast aller Gerichte gehört immer noch die *tomato sauce*, für die anscheinend jede zweite australische Hausfrau ein Geheimrezept hat (siehe auch: »*Vom floater zum Filet*«).

Wenn man zu einem Australier nach Hause eingeladen wird, findet man sich meist bei den beliebten Barbecues wieder. Entsprechend sportlich-locker ist auch die Kleidung. Als kleines Gastgeschenk ist eine Flasche Wein passend. Blumen für die Gastgeberin sind zwar immer noch ungewöhnlich, aber die Damen schätzen in der Regel solchen *old world charme*. In besseren Gaststätten geht es, bezogen auf die Kleidung, etwas förmlicher zu, oft reicht aber für männliche Gäste ein Sakko ohne Schlips. In Restaurants mit dem Hinweis BYO (»*bring your own*«) bringt man seine eigenen alkoholischen Getränke mit, der Wirt legt sie – bisweilen gegen ein kleines Entgelt – kühl, stellt die Gläser und ent-

Nirgendwo sonst in der Welt findet man Verkehrsschilder, die gleichermaßen vor freilaufenden Kamelen, Wombats und Känguruhs warnen. Auch der Hinweis auf die Länge der Gefahrenzone ist typisch für den Kontinent, der an große Maße gewöhnt ist. Großes Land ...

... großer Appetit: Wer einmal ein zünftiges Essen im Outback mitgemacht hat, wundert sich nicht, daß die großen Töpfe aufs Feuer kommen. Australier, aber auch ihre Gäste, können nach einem anstrengenden langen Tag im Busch gehörig was wegspachteln.

korkt die Flaschen. Das macht den Abend nicht nur preiswerter, es gibt auch die Möglichkeit, mit dem Lieblingswein oder der bevorzugten Biermarke einzukehren.

Die Australier gehören zu den Weltmeistern im Bierkonsum. Im Gegensatz zur altenglischen Art wird australisches Bier eiskalt getrunken, meist direkt aus der Büchse oder der kleinen Flasche. In tropischen Regionen werden diese oft in kleine Kühlmanschetten gesteckt. Fast jede Kneipe hat seine eigenen bedruckten Kühler, dies sind ebenso beliebte Souvenirs wie T-Shirts mit Pub-Aufdruck oder *tea towels*, Küchenhandtücher mit Motiven der jeweiligen Kneipe. Wer auf ein Glas Wert legt, erhält es kalt aus dem Eisschrank. Im tropischen Norden werden so auch die Weingläser gekühlt. Zur Kneipen-Etikette gehört es, sich mit einer Runde zu revanchieren, wenn die anderen im Kreis eine Runde spendiert haben. In manchen Outback-Kneipen kann es etwas rauh zugehen, weibliche Reisende werden sich dort nicht immer wohl fühlen. Typische Aborigines-Pubs meidet man besser, weil es dort häufig zu Schlägereien kommt.

Feiertage/Feste

Australien hat relativ wenig landesweite Feiertage: Neujahr, der Nationalfeiertag »Australia Day« am 26. Januar, Karfreitag, die beiden Ostertage, der Anzac Day am 25. April zur Erinnerung an die Kriegstoten, der Geburtstag der Queen am ersten Montag im Juni (in Western Australia am ersten Montag im Oktober) und die beiden Weihnachtsfeiertage. Hinzu kommen einige regionale Festtage; der Labour Day wird zwar in ganz Australien gefeiert, aber je nach Staat an einem unterschiedlichen Tag.

Zu den Höhepunkten des Fest- und Veranstaltungskalenders gehören im Januar das »deutsche« Schützenfest im südaustralischen Hahndorf und die Australian Open in Melbourne für die besten Tennisspieler der Welt. Im Februar zelebriert Sydney seinen schrillen Gay & Lesbian Mardi Grass. Im März gehen in Melbourne die Formel-1-Piloten mit ihren Rennwagen auf den Kurs. Der April ist das Datum für das Hot Air Balloon Festival in Mansfield, im Mai veranstaltet Alice Springs seine Kamelrennen. Der Juni sieht in Darwin die Regatta der

Das enorme Plastik-Schalentier, das am südaustralischen Princes Highway bei Kingston SE auf ein Restaurant hinweist, wird zwar »The big lobster« genannt. Genaugenommen ist es aber kein Hummer, wie die Übersetzung suggeriert, sondern eine Garnele. Am vorzüglichen Geschmack des Meerestieres ändert das nichts. So nennt der Küstenort denn auch sein alljährlich größtes Ereignis jeweils in der zweiten Januarwoche »Lobsterfest«. Kingston, das sich gegen Verwechslungen mit anderen gleichnamigen Orten den Zusatz SE (South East) verpaßte, ist ein Zentrum der australischen Rock Lobster Fischerei.

«Opera in the Outback» ist wirklich ein passender Name: Die Opernfreunde nächtigen in Zelten, wenn in der Yalkarindha Gorge in South Australia Arien erklingen. Der nächste Ort, Beltana, ist einige Kilometer entfernt und hat zwei Handvoll Einwohner.

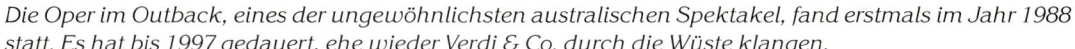

Die Oper im Outback, eines der ungewöhnlichsten australischen Spektakel, fand erstmals im Jahr 1988 statt. Es hat bis 1997 gedauert, ehe wieder Verdi & Co. durch die Wüste klangen.

Wasserfahrzeuge, die aus leeren Bierbüchsen entstanden, im Wintermonat August ist es etwas ruhiger im Land, aber im September stehen in vielen Städten die sehr populären Landwirtschaftsausstellungen *(royal shows)* an. Im September gehen die Teams zur Henley-on-Todd-Regatta im trockenen Flußbett von Alice Springs an den Start, im November halten die Nation und Millionen Wettzocker den Atem an, wenn das Melbourne Cup Race läuft. Weihnachten wird angesichts der hochsommerlichen Temperaturen gerne mit einem Picknick am Strand gefeiert.

Geld

Der australische Dollar (A$) ist in hundert Cents unterteilt. Neben kleineren Geldstücken gibt es Münzen im Wert von ein und zwei Dollar. Die Geldscheine sind gestückelt in 5, 10, 20, 50 und 100 Dollar. Fast überall im Land kann man mit den gängigen Kreditkarten bezahlen; im Outback und in kleineren Städten kann es jedoch Probleme geben. An den internationalen Flughäfen und in den Großstädten sowie in touristischen Zentren werden Euro und Schweizer Franken problemlos gewechselt. Die Banken sind montags bis donnerstags von 9.30–16, freitags von 9.30–17 Uhr geöffnet. In touristischen Orten gibt es auch – teurere – Wechselstuben, die am Wochenende geöffnet haben.

Kinder

Australiens Hotels und Verkehrsunternehmen sind generell kinderfreundlicher als deutsche, was Reisen mit dem Nachwuchs angenehm macht. Kinder bis zum Teenager-Alter können in den Hotelzimmern ihrer Eltern meistens gratis übernachten, für kleine Kinder werden auch spezielle Betten in die Zimmer gerollt. Viele Hotels können Babysitter organisieren. Wegen der hohen Flugkosten trifft man allerdings recht selten Urlauber aus Übersee, die ihre Kinder dabei haben. Ein Teil der Kosten lassen sich im Wohnmobil-Urlaub wieder einsparen. Auf den Campingplätzen finden sich fast immer australische Spielgefährten.

Klima/Reisezeit

Auf der Südhalbinsel sind, verglichen mit dem Norden, die Jahreszeiten »umgedreht«, das heißt, Dezember und Januar sind Hochsommermonate, Juli und Au-

gust ist die kälteste Zeit des Jahres. Anders stellt sich die Klimalage nördlich des *Tropic of Capricorn* dar. Der Wendekreis des Steinbocks ist die Grenze zu den Tropen. Im Norden wird es nie richtig kalt, er kennt aber die *wet* und die *dry*. In der Regenzeit zwischen November und März werden hohe Niederschläge gemessen, Gewitter mit

Die etwas plump, aber gemütlich wirkenden Wombats (oben) gehören zur großen australischen Tierfamilie der Beuteltiere. Die nachtaktiven und in Erdhöhlen lebenden Wombats sieht man als Tourist in der Regel nur in Tiergärten, während man Känguruhs im Busch recht häufig trifft (unten).

Australien ist einer der schlangenreichsten Erdteile. Unter den mehr als 110 Arten sind zwar nur wenige für Menschen gefährlich, einige gehören aber zu den tödlichsten Arten der Welt. Dennoch sehen die meisten Touristen diese eher scheuen Reptilien nur in Zoos oder Schlangenfarmen.

Wolkenbrüchen sind keine Seltenheit. Selbst große Straßen sind dann bisweilen ein oder zwei Tage gesperrt. Im trockenen Landesinneren kann es im Winter nachts sehr kalt werden.

Aus diesen Klimadaten ergeben sich auch die besten Reisezeiten. Zu beachten sind aber auch die Ferienzeiten, insbesondere die großen Ferien in der zweiten Dezemberhälfte und im Januar. In diesen Wochen sind Hotels, Flugzeuge und Mietwagen meist ausgebucht. Es ist günstiger, vor und nach dieser Saison zu reisen: Das Wetter ist gut, die Preise sind niedriger. Für die Tropen sind die trockenen australischen Wintermonate die Hauptreisezeit, das ist trotz kühler Nächte auch eine gute Zeit für das trockene Landesinnere. Denn im australischen Sommer kann es dort unerträglich heiß werden.

Maße und Gewichte

Die Umstellung Australiens von alten britischen auf die Dezimalmaße und -gewichte ist abgeschlossen. Es gelten also die uns vertrauten Maße und Gewichte, auch die Temperaturen werden in Grad Celsius gemessen.

Medizinische Versorgung

Australiens medizinische Fakultäten haben einen sehr guten Ruf, deshalb lassen sich dort Studenten aus aller Welt ausbilden. Entsprechend gut ist auch die medizinische Versorgung in den Städten, und auf dem Land ist es meist nicht weit bis zu einem Arzt. Im Outback fliegen in Notfällen

Ärzte des Royal Flying Doctor Service ein. Aus finanziellen Gründen empfiehlt sich aber vor der Reise der Abschluß einer Auslandskrankenversicherung. Deutschsprechende Ärzte, sofern vorhanden, können die deutschen Konsulate in den Millionenstädten und die Deutsche Botschaft in Canberra (119 Empire Circuit, Canberra/Yarralumla, ℂ 02/62 70 19 11) vermitteln. In Australien gibt es keine Seuchen, keine Malaria etc., deshalb sind auch Schutzimpfungen weder notwendig noch vorgeschrieben, sofern man nicht aus Seuchengebieten einreist.

Post

Die australische Post hat ein relativ dichtes Filialnetz, in Vororten sind die Postschalter oft Teil eines Geschäftes für Schreibwaren und ähnliches. Briefmarken werden auch in vielen anderen Geschäften verkauft. Für Sammlermarken gibt es in den Großstädten Extraschalter bei den Postämtern. Man kann auch Briefe bei der Post (in den Städten 9–17 Uhr geöffnet) hinterlegen lassen, im Hauptpostamt von Sydney läßt sich sogar per Computer feststellen, ob Briefe hinterlegt sind. Luftpostsendungen von Australien nach Mitteleuropa dauern etwa eine Woche, die preiswertere Schiffspost *(surface mail)* braucht bis zu acht Wochen.

Shopping

In der Regel sind die Geschäfte von 9–17.30 Uhr geöffnet, auf dem Land oft nur bis 17 Uhr. In den Städten gibt es mindestens einen »langen Abend« pro Woche, meist donnerstags oder freitags. Dann kann man bis 21 Uhr einkaufen. In den Großstädten und touristischen Hauptpunkten werden auch zunehmend sonntags Einkaufszentren geöffnet. Alle Städte haben populäre Märkte und Trödeltreffen, über die Zeiten und Orte informieren die lokalen Touristikbüros.

Die Damen-Konfektionsgrößen 10, 12, 14 usw. entsprechen den europäischen Maßen 38, 40, 42 usw. – in der Herren-Konfektion entsprechen die Maße 87, 92, 97, 102 usw. den Europa-Maßen 44, 46, 48, 50 usw.

Sicherheitshinweise

Australien ist insgesamt ein sicheres Reiseland, aber es ist natürlich nicht empfehlenswert, Wertsachen im Auto oder im Hotelzimmer liegenzulassen. In den großen

Städten gibt es, wie überall in der Welt, *No go*-Zonen, die Hotelportiers informieren darüber gerne.

Gefahren ergeben sich, wie in den westlichen Ländern, vor allem im Straßenverkehr. Lange Fahrten auf einsamen Straßen in gleißender Sonne ermüden schnell, deshalb sind häufige Stopps wichtig. Viele Touristen verunglücken wegen Müdigkeit am Steuer. Überlandfahrten bei Dämmerung und Dunkelheit bergen die zusätzliche Gefahr, mit Känguruhs zusammenzustoßen.

Eine ganz andere Gefahr ist durch die starke Sonneneinstrahlung gegeben. Cremes und andere Mittel mit hohem Lichtschutzfaktor sind ebenso unabdingbar wie Kopfbedeckungen, T-Shirts (auch beim Schnorcheln) und Sonnenbrillen.

Die bekanntesten, aber statistisch kaum ins Gewicht fallenden Gefahren Australiens sind seine wilden Tiere. Auf dem Kontinent leben zwar viele Schlangen und darunter einige der giftigsten der Welt, dennoch bekommt man sie als Tourist kaum zu sehen, weil die Tiere sehr scheu sind. Empfehlenswert sind für Wanderungen jedenfalls feste Ledersteifel. In tropischen Gewässern sollte man auf die auffällig geringelte Wasserschlange achten, sie flüchtet zwar vor Menschen, ist aber im Falle eines Falles tödlich giftig.

Offensichtlich lauern die größten Gefahren im Wasser oder kommen aus ihm: Haie sind vor Australiens Küsten nicht gerade selten; in den Korallenrevieren gibt es auch giftiges Getier wie die Blauring-Kraken, die wunderschönen Rotfeuerfische oder die am Boden kaum auszumachenden Steinfische. Zu den übelsten Gesellen der See gehören die Box Jelly Fishes, die entgegen ihrem Namen keine Fische, sondern Quallen mit bis zu zehn Meter langen Tentakeln sind. Ihr Gift ist sehr oft tödlich, deshalb werden im Norden und Nordosten die Strände gesperrt, wenn die auch *sea wasps* genannten Quallen vor der Küste treiben. Last not least bleiben noch die *salties*, die Salzwasser-Krokodile, in den tropischen Gewässern zu erwähnen.

Sport und Erholung

Australier sind gewaltige Sportenthusiasten, Cricket, Football Australian Rules (Footy) und Rugby gehören zu den großen Zuschauersportarten. Das britische Cricket ist für Touristen aus anderen Kulturkreisen meist recht langweilig. Rugby macht schon mehr her, und Footy-Spiele sind attraktive Ereignisse. Die Australier sind aber auch sehr aktive Sportler, sie haben Weltklasse-Athleten in der Leichtathletik, im Tennis, Schwimmen, Segeln und anderen Sportarten hervorgebracht. Nicht zuletzt wegen der enormen Sportbegeisterung waren die Olympischen Spiele 2000 in Sydney ein weltweit beachtetes Ereignis. Der sportliche Eifer hat dazu geführt, daß Tennis und Golf echte Volkssportarten geworden sind, die man im ganzen Land preiswert und unkompliziert ausüben kann. Fast überall, wo Wasser ist, kann man auch Segelboote mieten, Swimmingpools gehören selbst in kleineren Hotels zur Standardausstattung, und in den Städten findet sich mindestens ein Vermieter von Fahrrädern. Und Strände hat das Land wie Sand am Meer.

Wenn es nach den Kamelen geht, ziehen diese das Land der Küste vor, die See ist nicht ihr Revier. Dennoch schlappen die »Wüstenschiffe« mit ihrer Touristenfracht geduldig am Strand von Broome entlang, sei es zum Morgenausritt, sei es zur Sunset-Safari.

Zweifelsohne ein besseres Pub – erkennbar ist das an den Biergläsern. Normalerweise trinken gestandene Aussie-Männer ihren »liquid amber« in der Kneipe direkt aus der Büchse oder der Flasche. Bestenfalls kommt noch eine Isoliermanschette um die Transportgefäße, denn Bier schluckt man im heißen Australien am liebsten eiskalt.

Sprachtips

Mit Schul- oder Oxford-Englisch ist man zunächst in Australien ziemlich verloren. Die Aussies haben binnen zweihundert Jahren ihre eigene Version der Weltsprache entwickelt, die sie selbstironisch und lautmalerisch *Strine* nennen. So hört sich *Australian* im einheimischen Idiom an. Doch tröstlicherweise hat man sich binnen weniger Tage in diese Sprache eingehört. Schwieriger ist es schon, die eigenen Wortkreationen dieses Landes zu erlernen, zumal diese oft als Abkürzungen daherkommen. So ist ein *arvo* ein *afternoon* (Nachmittag), ein *bloke* ist ein Mann oder Kerl, ein *dunny* ist ein Toilettenhaus, *grog* ist jede Form von Alkohol und eine *sheila* eine vorzugsweise junge Frau. Die Aussies haben bei der Verkürzung und der Verstümmelung ihrer einstigen Mutterlandsprache gute Arbeit geleistet: Ganze Lexika füllen die Sprachschöpfungen. Tröstlich ist jedoch, daß man auch mit ganz normalen, durchschnittlichen Englisch-Kenntnissen gut durch das Land kommt. Schließlich wandern dort jährlich Tausende ein – und die sind auch nicht gleich perfekt in *Strine*.

Telefonieren

Mitte der 1990er Jahre hat Australien sein Telefonsystem völlig umgestellt. Danach sind jetzt fast alle Telefonnummern achtstellig (sechsstellige Nummern, die mit den Ziffern 13 beginnen, werden im ganzen Land als Ortsgespräche berechnet). In den neuen Nummern sind die ehemaligen Ortsvorwahlen eingearbeitet. So gibt es nur noch vier regionale Vorwahlnummern, die in etwa mit den Staatsgrenzen übereinstimmen: ✆ 02 (New South Wales, Canberra), ✆ 03 (Victoria, Tasmanien, Südwesten von New South Wales), ✆ 07 (Queensland), ✆ 08 (South Australia, Northern Territory, Western Australia).

Seitdem die staatliche Telefongesellschaft Telstra mit der Firma Optus private Konkurrenz erhalten hat, sinken die Tarife allmählich, sind aber für Überseegespräche immer noch recht hoch. Die öffentlichen Telefonzellen sind Telstra-Anschlüsse. Telefonkarten für 5, 10, 20 oder 50 Dollar gibt es in vielen Geschäften, zum Beispiel beim *newsagent*, dem Zeitschriftenhändler. Viele öffentliche Apparate akzeptieren auch die gängigen Kreditkarten. Die Vorwahl für Gespräche nach Deutschland ist ✆ 00 11 49, nach Österreich ✆ 00 11 43 und in die Schweiz ✆ 00 11 41. Möchte man von Europa nach Australien telefonieren, wählt man die Vorwahl ✆ 00 61. Die Telefonauskunft hat für das jeweilige Ortsnetz die Nummer ✆ 0 13, für Australien ✆ 01 75, für Übersee ✆ 01 03.

Trinkgeld

In Australien ist Trinkgeld noch weithin unüblich, in den Großstädten und den internationalen Hotels breitet sich das Trinkgeldgeben aber allmählich aus. In Taxis

214

rundet man die Beträge zum vollen Dollar auf, im Pub läßt man die kleinen Münzen bisweilen auf dem Tresen liegen.

Unterkunft

Australien bietet jede Form der Unterkunft vom Luxushotel bis zum Zeltcamp. *Hotels* sind auf dem Land in der Regel Kneipen, die früher einfache Gästezimmer hatten. Einige dieser Hotels haben die alten Zimmer wieder hergerichtet und bieten jetzt *pubstays* an. Zu den Besonderheiten gehören *farmstays*, beispielsweise auf Schaffarmen; das entspricht unseren »Ferien auf dem Bauernhof«. Unterkünfte vermitteln die lokalen Touristikbüros, die ein enges Netz bilden. Diese Büros sind – vor allem in Urlaubsgebieten und Städten – gute Adressen für die Vermittlung von Ferienwohnungen. Außerhalb der Städte werden Hotels meist als Motels bezeichnet.

Ketten wie Flag und Best Western bieten auch Gutschein-Systeme an, die man im ganzen Land einsetzen kann, mit ihnen sind die Übernachtungen meist etwas preiswerter. Beliebt sind auch Bed & Breakfast-Pensionen wegen der Möglichkeit, mit den Wirtsleuten in Kontakt zu kommen. Eine angenehme Besonderheit australischer Hotels und Motels sind Teebeutel, Pulverkaffee und ein Heißwasserbereiter in je-dem Zimmer, Tee und Kaffee sind im Preis eingeschlossen.

Verkehrsmittel

Wegen der großen Entfernungen sind Flugzeuge das meistgenutzte Verkehrsmittel für längere Strecken, Fliegen ist im Land relativ teuer. Wer aus Übersee kommt, kann bei der größten Fluglinie Qantas »Pässe« erwerben, die die Inlandflüge verbilligen. Über die aktuellen Konditionen informiert die Australian Tourist Commission in Frankfurt (siehe Auskunft). Kleinere Fluggesellschaften unterhalten recht gute regionale Netze. Im Outback ist es auch üblich, kleine Maschinen für Flüge zu entlegenen Pisten zu chartern.

Die Eisenbahn unterhält in Australien nur ein beschränktes Netz, das sich auf die Bevölkerungszentren konzentriert. Attraktive Fernzüge für Touristen sind der »Indian Pacific« zwischen Sydney und Perth und der »Ghan« zwischen Adelaide und Darwin. Gute Fernverbindungen bestehen zwischen Adelaide, Melbourne, Sydney und Brisbane. Für Australiens Züge gibt es verschiedene preiswerte Pässe mit unterschiedlich langer Gültigkeitsdauer bei »Rail Australia«.

Australien hat ein gutes nationales Busnetz, das vor allem von den Gesell-

Die historische Bahnstrecke vom Küstenort Cairns nach Kuranda auf dem Hochland ist dank der grandiosen Aussicht eine der bekanntesten Routen Australiens. Sie führt immer an der überwucherten Flanke des Gebirges entlang, bis sie ihr Ziel erreicht hat, einen in wohlgepflegten Pflanzen fast verborgenen Bahnhof. Die Kuranda Scenic Railway ist gleichermaßen ein Transportmittel für die Einheimischen wie eine Touristenattraktion.

schaften Greyhound/Pioneer und McCafferty's bedient wird. Beide Gesellschaften haben auch verschiedene Pässe eingeführt, mit denen die ohnehin günstigen Preise noch gesenkt werden können. Daneben gibt es zahlreiche Unternehmen, die geführte Bustouren durch verschiedene Teile des Landes anbieten. Wer bei diesen Touren eine deutschsprachige Führung wünscht, sollte sie besser im Voraus in Deutschland, Österreich oder der Schweiz buchen.

Die einzige Linienschiffahrt in Australien ist die Fähre zwischen Melbourne und Devonport auf Tasmanien, die Überfahrt dauert jeweils eine Nacht. Speziell für Touristen sind Kreuzfahrten auf dem Murray River, am Great Barrier Reef und vor der einsamen Nordküste aufgelegt worden. Große Kreuzfahrtschiffe starten von der Ostküste aus zu Touren durch die Südsee.

Zeitzonen

Australien hat drei Zeitzonen. Die Eastern Standard Time (EST) gilt für Queensland, New South Wales, Canberra, Victoria und Tasmania, sie ist der Zeit in Mitteleuropa um neun Stunden voraus. Im Northern Territory und in South Australia gilt die Central Standard Time (CST), die der mitteleuropäischen Zeit um achteinhalb Stunden voraus ist. Die Western Standard Time (WST) in Western Australia ist der mitteleuropäischen Zeit um sieben Stunden voraus. Zudem stellen die südlichen Staaten zu unterschiedlichen Terminen auf Sommerzeit um. Western Australia schließt sich dem nicht an.

Zoll

Volljährige Touristen dürfen 1,125 Liter Alkohol, 250 Gramm Tabak und Geschenke im Wert von 400 Dollar einführen (Jugendliche lediglich Geschenke im Wert von 200 Dollar). Die Einfuhr von Drogen, Waffen und Lebensmitteln ist streng untersagt, einreisende Touristen werden häufig daraufhin untersucht. Schon bei der Einreise warten an der Kofferausgabe meistens Polizeibeamte mit speziell trainierten Hunden, die entweder Drogen oder Lebensmittel erschnüffeln. Zum Schutz der Landwirtschaft vor Ungeziefer dürfen auch innerhalb des Landes Obst und verschiedene Lebensmittel zwischen den Staaten nicht transportiert werden, regelmäßig kontrolliert wird dies jedoch nur an den Grenzen zu Western Australia.

Boabs werden in Australien die Flaschenbäume genannt, die in ihren bauchigen Stämmen Wasser für die Trockenzeit speichern können. Die Boabs sind charakteristisch für das Wildnisland im Norden, in der Grenzregion von Northern Territory und Western Australia. Die Bäume sehen oft so aus, als seien sie schon partiell abgestorben, doch sie tragen auch bei bester Gesundheit nur wenig Laub.

Mit VISTA POINT nach »Down under« ...

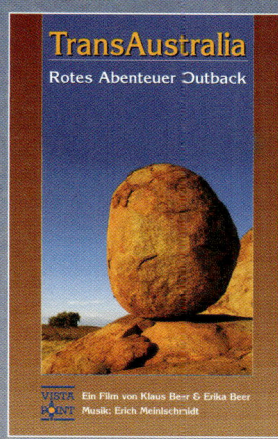

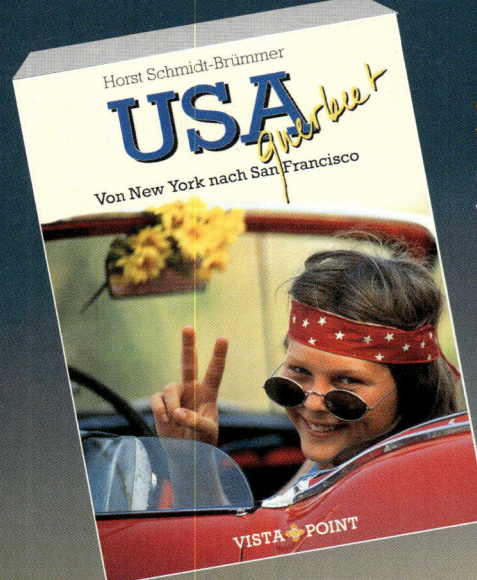

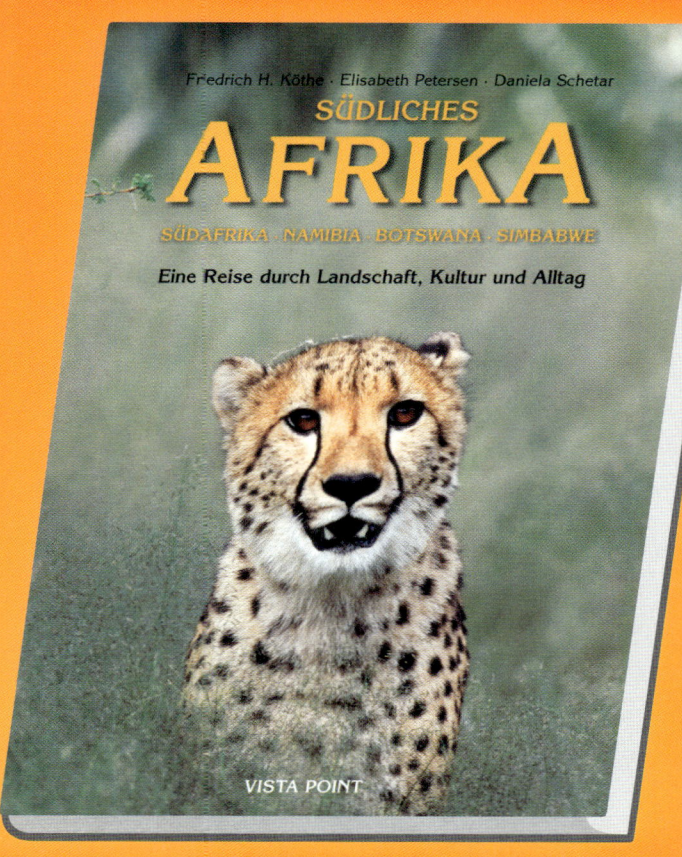
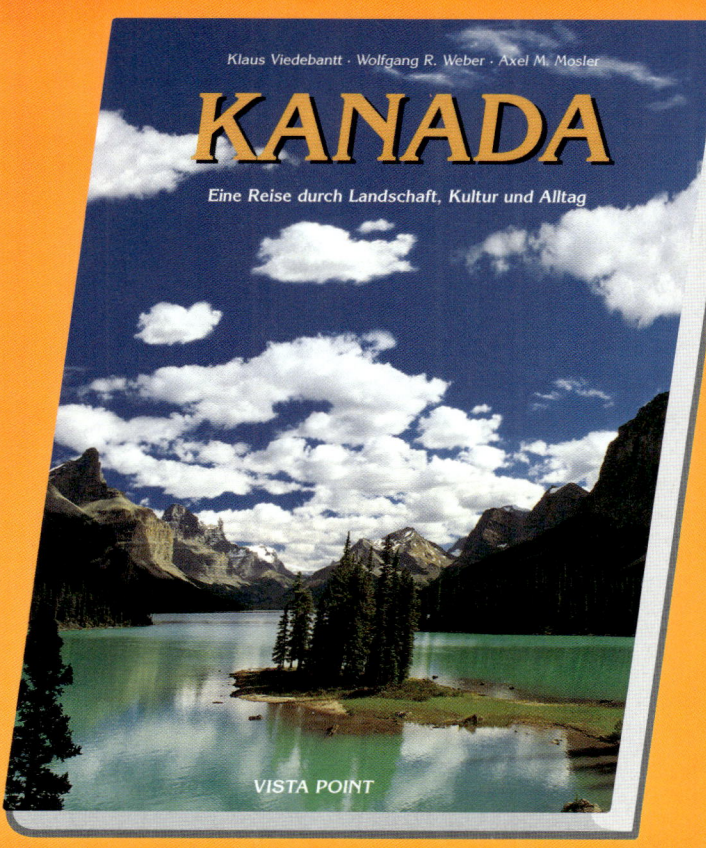
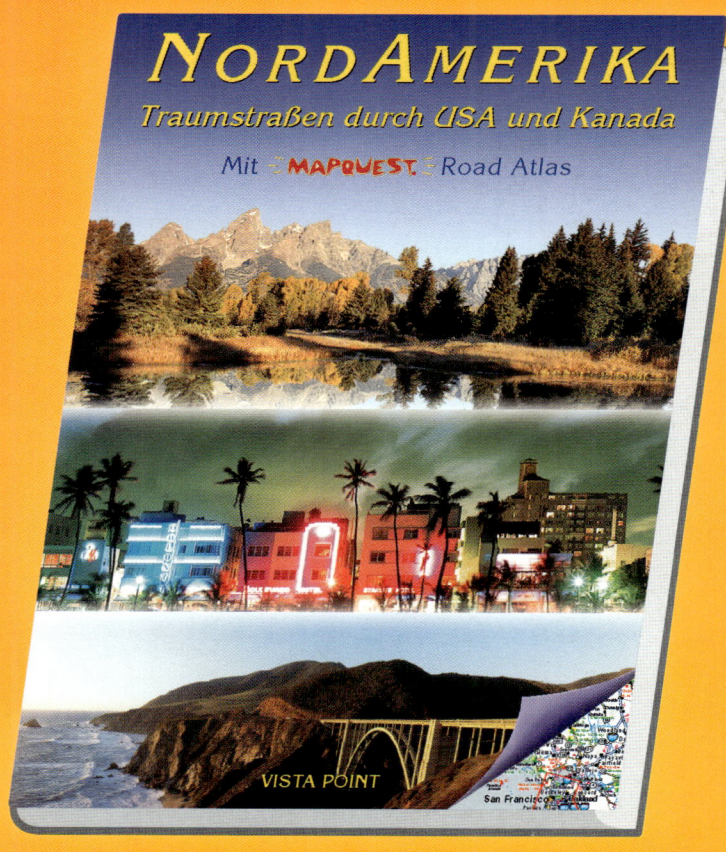

Alle Fotos in diesem Buch stammen von **Wolfgang R. Weber**, Darmstadt, mit Ausnahme von:

Fridmar Damm, Köln: Schmutztitel, S. 17 o., 25, 27 l., r., 28, 31 u., 38, 42 u., 61 u., 73 u., 74 o., 161 o., u., 162, 166, 169 o., 205 u.

Clemens Emmler/laif Agentur, Köln: S. 24 (5 o.), 90/91, 100 u., 106 u., 117 o., 122 l., 123 o., 134, 158, 160 u., 164/165

Hans Georg Esch, Köln: S. 10 o., 148 o.

Peter Ginter, Köln: S. 22/23 m. u., 31 l. o., 102 o., 105 u., 208 u., 212

Susann Kluge, Köln: S. 50 u.

Dieter Kreutzkamp, Bad Münder: S. 154, 157, 159, 167, 168/169, 197

J. M. La Roque/laif Agentur, Köln: S. 12/13, 22/23 o., 115 o. r., 141, 142, 153 u.

Holger Leue, Haunetal: S. 31 r. o., 58 u., 59 o., 66/67 o., 68

Montanus Bildagentur, München (Don Fuchs): S. 42 o., 47 u., 156, 163, 165 r.

Oliver Niehues, Köln: S. 40/41, 133 o.

Queensland Tourist & Travel Corporation, München: S. 66/67 u., 69

Sadako Films, Williamstown/Australia (Ted Grambeau): S. 54

Foto ATC, Frankfurt/M.: S. 37 o., 50 o.

Tourism Victoria, Reinheim: S. 150 l., 150 r.

Klaus Viedebantt, Frankfurt/M.: S. 29, 70, 149, 215

Diana Weber, Darmstadt: S. 37 u.

White Star, Hamburg (G. P. Reichelt): S. 3, 17 u., 30, 51 u., 72, 106 o., 132 u.

Gaby Wojciech, Köln: S. 14, 15 u. l., r., 24 o., 46, 54 o., 63 u., 211 u.

Ernst Wrba, Sulzbach/Taunus: S. 13 o., 16, 57 r. u., 58 o., 59 u., 137 r., 143 u., 160 o.

Vista Point Verlag (Archiv), Köln: S. 36 u.

Über das Buch:

Australien ist zwar der fernste aller Kontinente, gehört aber dennoch zu den »Traumzielen« der Europäer. Preiswerte Flüge machen diese Träume inzwischen erschwinglich, und Jahr für Jahr besteigen mehr Urlauber in Frankfurt, Zürich und Wien die Jets nach *down under*.

Das lebensfrohe Sydney, die Olympiastadt des Jahres 2000, der türkisfarbene Zauber des Great Barrier Reef und die außergewöhnliche rote Wüste rings um den Ayers Rock sind die bekanntesten Attraktionen des Inselkontinents. Aber ausgefallene Orte wie das Opalnest Coober Pedy oder der historische Perlenhafen Broome sind inzwischen von den wahren Australienfreunden auch schon entdeckt.

Dieser Bildband führt durch ein Land, das für Fotografen wie geschaffen zu sein scheint. Die Fotos und Texte stellen bekannte, aber bisweilen auch sehr persönlich ausgewählte Orte und Landschaften vor. All dies fügt sich wie in einem Mosaik zu einem umfassenden Porträt eines faszinierenden Erdteils.

Über den Autor:

Klaus Viedebantt, Dr. phil., geboren 1943 in Krefeld, studierte Volkskunde und Germanistik in Frankfurt/Main und Berlin. Nach der Leitung der Reiseredaktion der Wochenzeitung »Die Zeit« war er als leitender Redakteur der »Frankfurter Allgemeinen Zeitung« tätig. Aufgrund familiärer Bindungen hält er sich häufig in Australien auf und veröffentlichte mehrere Bücher über den fünften Kontinent und den pazifischen Raum.

Über den Fotografen:

Wolfgang R. Weber, geboren 1943, ist Diplom-Ingenieur. Seine Reisen führten ihn in fast jede Region der Erde. In den letzten Jahren bereiste er vornehmlich den australischen Kontinent. Er ist Bild- und Textautor mannigfaltiger Beiträge über Australien und Nordamerika.

Umschlagvorderseite: Sydneys Opernhaus mit der Harbour Bridge

Schmutztitelbild: Der Koala – Australiens inoffizielles Wappentier

Frontispiz: Aufstieg auf den Ayers Rock, den berühmtesten Berg in Australien

S. 3: Schnappschuß aus Melbourne

S. 6/7: Silvester-Feuerwerk im Hafen von Sydney

S. 8/9: Weidende Schafe auf den sanften Hügeln bei Wilmington in South Australia

Umschlagrückseite: Aborigine-Kind in traditioneller Körperbemalung

© Vista Point Verlag, Köln

6., aktualisierte Auflage 2004

Alle Rechte an Bild und Text vorbehalten

Lektorat: Şebnem Yavuz, 6. Auflage: Eszter Kalmár

Layout und Herstellung: Tom Harwerth, Frankfurt/M.

Produktionsabwicklung: Andreas Schulz, Sandra Penno-Vesper, Kerstin Hülsebusch-Pfau

Reproduktionen: Litho Köcher, Köln

Kartographie: Berndtson & Berndtson Productions GmbH, Fürstenfeldbruck

Printed in Spain

ISBN 3-88973-615-7